KÖNIGS ERLÄUTERUNGEN SPEZIAL

Textanalyse und Interpretation zu

Erich Hackl

ABSCHIED VON SIDONIE

Karla Seedorf

Alle erforderlichen Infos zur Analyse der Ganzschrift/
Realschulabschluss Baden Württemberg

Bange Verlag

Zitierte Ausgabe:
Hackl, Erich: *Abschied von Sidonie*. Erzählung. Zürich: Diogenes, 1991

Über die Autorin dieser Erläuterung:
Karla Seedorf, geboren 1975 in Temeschwar (Rumänien), studierte an der Otto-Friedrich-Universität Bamberg Diplom-Germanistik (Schwerpunkt Literaturvermittlung und Literaturkritik) und Psychologie. Nach neun Jahren Unterrichtserfahrung als Deutschlehrerin an beruflichen Schulen arbeitet sie seit 2010 als freie Lektorin und Schulbuchautorin für verschiedene Verlage und ist Lehrbeauftragte am Lehrstuhl für Deutschdidaktik in Bamberg.

1. Auflage 2015
ISBN 978-3-8044-3094-5
PDF: 978-3-8044-5094-3, EPUB: 978-3-8044-4094-4

Titelabbildung: Arghavan Sadeghi-Seragi als Sidonie im gleichnamigen Film. Regie: Karin Brandauer. D/A 1990. © ullstein bild – United Archives / 90060
Druck und Weiterverarbeitung: Tiskárna Akcent, Vimperk

1. DAS WICHTIGSTE AUF EINEN BLICK – SCHNELLÜBERSICHT

Damit sich jede Leserin und jeder Leser in unserem Band rasch zurechtfindet und das für sie oder ihn Interessante gleich entdeckt, hier eine Übersicht:

Im zweiten Kapitel liefern wir **biografische Eckdaten zum Autor Erich Hackl** und informieren über den für die Erzählung relevanten **zeitgeschichtlichen Hintergrund zu Deutschland und Österreich** zur Zeit des Nationalsozialismus:

⇨ S. 10 f.

→ Erich Hackl wurde am 26. Mai 1954 in Steyr (Oberösterreich) geboren. Er studierte Germanistik und Hispanistik, arbeitete als Universitätsdozent und Lehrer für Deutsch und Spanisch. Seit 1983 ist er als Schriftsteller, Herausgeber und Übersetzer tätig.

⇨ S. 12 ff.

→ *Abschied von Sidonie* erschien 1989 und resultiert aus Hackls intensiver Auseinandersetzung mit der verdrängten NS-Historie seiner oberösterreichischen Heimat.

→ Die Bekanntschaft mit Manfred Breirather, dem Stiefbruder der Hauptfigur Sidonie Adlersburg, motivierte den Autor, dem Romamädchen ein literarisches Denkmal zu setzen und damit auch an den verdrängten Genozid der Roma und Sinti zu erinnern.

Im dritten Kapitel bieten wir eine Textanalyse und eine Interpretation.

Entstehung und Quellen:

Im Zuge der Recherchen zur Erzählung, bei der Hackl wie zumeist auf real verbürgte Lebensgeschichten zurückgreift, interviewte der Autor zahlreiche Zeitzeugen und montierte amtliche Dokumente (Aktennotizen) in den Text. Damit entsteht ein **historisch präzises Bild von der NS-Zeit in Österreich**. ⇨ S. 28 ff.

Inhalt:

Das zwei Monate alte Romamädchen Sidonie Adlersburg wird im August 1933 vor dem Steyrer Krankenhaus ausgesetzt. Hans und Josefa Breirather nehmen es in Pflege. Sidonie wächst behütet und unbeschwert zusammen mit dem leiblichen Sohn Manfred und der gleichaltrigen Hilde, ebenfalls ein Pflegekind, auf und ist weitgehend in die Dorfgemeinschaft integriert. Hans Breirather ist als aktiver Sozialdemokrat immer wieder Repressionen ausgesetzt. Im März 1943 soll Sidonie laut Jugendamtsbeschluss zu ihrer leiblichen Mutter in das „Zigeunersammellager“ nach Hopfgarten. Die Pflegeeltern sind verzweifelt, können die verantwortlichen Jugendamtsmitarbeiterinnen aber nicht umstimmen. Sidonie bleibt nur einen Tag in Hopfgarten, dann wird sie nach Auschwitz-Birkenau deportiert, wo sie, traumatisiert durch die Trennung von ihrer Pflegefamilie, stirbt. 1947 erhalten die Breirathers eine amtliche Mitteilung, wonach Sidonie in Auschwitz an Flecktyphus gestorben sei. ⇨ S. 32 ff.

Personen:

Die Hauptpersonen sind

Josefa Breirather: ⇨ S. 53 f.

→ Sidonies Pflegemutter
→ temperamentvoll, herzlich, moralisch vorbildlich
→ leidet bis zu ihrem Tod an der Trennung von Sidonie

➪ S. 55 f.

Hans Breirather:

→ Sidonies Pflegevater, liebt sie wie eine eigene Tochter
→ mutiger Sozialdemokrat
→ fordert vergeblich eine Gedenktafel für Sidonie in Sierning

➪ S. 56 ff.

Sidonie Adlersburg:

→ wird mit zwei Monaten von ihrer Mutter vor dem Steyrer Krankenhaus ausgesetzt
→ bekommt ein neues liebevolles Zuhause bei den Breirathers
→ freundlich, hilfsbereit, kreativ, hat Schwierigkeiten beim Schreiben und Rechnen
→ stirbt mit zehn Jahren in Auschwitz, traumatisiert durch die Trennung von ihrer Pflegefamilie

➪ S. 59 f.

Jugendamtsmitarbeiterinnen Korn und Grimm:

→ mitschuldig an Sidonies Tod, den sie ohne Gefahr für sich selbst hätten verhindern können
→ handeln aus blindem Gehorsam dem NS-Regime gegenüber

Stil und Sprache:

➪ S. 64 f.

→ Der Chronist, wie sich Hackl selbst nennt, erzählt weitgehend sachlich-distanziert vom exemplarisch dargestellten Schicksal des Romamädchens Sidonie Adlersburg.

➪ S. 65 ff.

→ Vor allem gegen Ende der Erzählung wird die nüchterne, kommentarlose Erzählhaltung aufgebrochen. Der Chronist artikuliert hier seine „ohnmächtige Wut“ (100).

➪ S. 67 ff.

→ Hackls Schreibstil ist beeinflusst von dem amerikanischen New Journalism. Durch suggestive Situationsbeschreibungen bekommt der Leser das Gefühl, unmittelbarer Augenzeuge der Geschehnisse zu sein.

→ Wie bei den meisten Werken von Erich Hackl verschwimmen auch hier die Grenzen zwischen Fiktionalität und Realität, zwischen Literatur und Journalismus.

Interpretationsansätze:

→ Anhand eines Einzelschicksals wird uns die menschenverachtende Rassenideologie der Nationalsozialisten eindrücklich vor Augen geführt. ⇨ S. 70 ff.

→ Der Chronist macht unmissverständlich klar, dass Sidonie durch entsprechend positive Gutachten der Entscheidungsträger (JugendamtsmitarbeiterInnen, LehrerInnen, Bürgermeister) relativ leicht hätte gerettet werden können.

→ Der in der Erzählung thematisierte **moralische Konflikt** spielt sich in einer bürokratischen Grauzone ab, in der die Täter ihre Verantwortlichkeit und Schuld leicht von sich weisen können, weil sie das Elend und Leid ihrer Opfer nicht unmittelbar vor Augen haben. Diese „Bestialität des Anstands“ (93) manifestiert sich in „Feigheit, Anschwärzen, vorauseilende(m) Gehorsam“ (126).

→ Die Erzählung beschäftigt sich mit dem Thema **„Erinnern und Vergessen“** und hält der heutigen Gesellschaft einen beunruhigenden Spiegel vor.

Erich Hackl (*1954) © ullstein bild – B. Friedrich

2. ERICH HACKL: LEBEN UND WERK

2.1 Biografie

JAHR	ORT	EREIGNIS	ALTER
1954	Steyr (Oberösterreich)	26. Mai: Geburt	
1960	Steyr	Besuch des Gymnasiums	6
1972 bis 1976	Salzburg/ Salamanca/ Málaga	Studium der Germanistik und Hispanistik	18 bis 22
1977 bis 1979	Madrid	Universitätslektor	23 bis 25
1980	Wien	Lehrer für Deutsch und Spanisch an einer Mittelschule	26
1981 bis 1990	Wien	Lehrbeauftragter am Institut für Romanistik an der Universität Wien	27 bis 36
1982 bis 1983	Wien	Zivildienst beim Österreichischen Informationsdienst für Entwicklungspolitik	28
seit 1983	Madrid und Wien	Freier Schriftsteller, Herausgeber, Publizist und Übersetzer iberischer und iberoamerikanischer Literatur	29
1989		Die Erzählung ***Abschied von Sidonie*** erscheint im Diogenes Verlag.	35
1991		Evangelischer Buchpreis für *Abschied von Sidonie*; Österreichischer Förderungspreis für Literatur	37
2000		*Materialien zu „Abschied von Sidonie“*	46

JAHR	ORT	EREIGNIS	ALTER
Mai 2002	Solothurn, Schweiz	Solothurner Literaturpreis für sein Gesamtwerk	48
November 2013		Adalbert-Stifter-Preis (Großer Kulturpreis des Landes Oberösterreich) für das künstlerische Lebenswerk	59
April 2015	Steyr	Ehrenring seiner Geburtsstadt Steyr	60
Juni 2015		Übersetzer-Staatspreis „Translatio": Auszeichnung für sein Lebenswerk als Übersetzer von spanischer und lateinamerikanischer Literatur, als deren Kenner er gilt und um deren Bekanntmachung er sich besonders verdient gemacht hat	61

2.2 Zeitgeschichtlicher Hintergrund

ZUSAMMEN-FASSUNG

Als Folge der inhumanen NS-Ideologie wurden in Europa unter anderem rund 500.000 Sinti und Roma in Konzentrationslagern getötet. Die Internierung „arbeitsscheuer Zigeuner" in spezielle „Zigeunerlager" begann 1935. Ab November 1936 erstellte die „Rassenhygienische und Bevölkerungsbiologische Forschungsstelle" rassenideologische Untersuchungen, die als Grundlage der ab 1940 einsetzenden Deportationen in Konzentrations- und Vernichtungslager dienten. Das „Zigeunerfamilienlager" in Auschwitz wies die höchste Todesrate auf. Hier führte der SS-Arzt Josef Mengele seine sadistischen Experimente an Sinti und Roma durch.
Etwa ein Drittel der deutschen Sinti und Roma überlebten die NS-Zeit, europaweit starben bei Pogromen zwischen 220.00 und 500.000.

Zeitgeschichtliche Spurensure nach verdrängter NS-Historie

Die Erzählung *Abschied von Sidonie* erschien 1989. Der Autor hat sich jahrelang mit dem Stoff beschäftigt, nicht zuletzt, weil ihn die zeitgeschichtliche Spurensuche nach der verdrängten NS-Historie in seiner oberösterreichischen Heimat Steyr nicht losließ. Verstärkt wurde diese Recherche, als Hackl Manfred Breirather, Sidonie Adlersburgs Stiefbruder, kennenlernte, und ihm dabei helfen wollte, das Schicksal des Romamädchens öffentlich zu machen und sich damit für ein öffentliches Gedenken an den Genozid der Sinti und Roma einzusetzen, der bis in die jüngste Gegenwart verdrängt wurde bzw. wird – vgl. dazu Thurners Beitrag zum „geleugneten Holocaust" an den Sinti und Roma im Materialienteil dieser Erläuterung auf Seite 85 f. (Auf die Entstehungsgeschichte der Erzählung und die Quellenlage wird ausführlicher in Kapitel 3.1 eingegangen.)

Wirtschaftskrise begünstigte Zulauf zu radikalen Parteien

In der **Weimarer Republik** (1919–1933), nach dem Zusammenbruch des Kaiserreiches die erste demokratische Republik in Deutschland, waren etliche mit der politischen und wirtschaftlichen Situation in Deutschland und Österreich unzufrieden. Der verlorene Erste Weltkrieg, der für Deutschland unvorteilhafte **Versailler Vertrag** (1919), die **Weltwirtschaftskrise** 1929 mit über sechs Millionen deutschen Arbeitslosen und eine starke Inflation verstärkten diesen Eindruck. Als Folge davon erhielten radikale politische Parteien vermehrt Zulauf: Vor allem bei Arbeitern war die Kommunistische Partei Deutschlands (KPD) beliebt, viele Menschen aus allen sozialen Schichten zog es aber auch zur Nationalsozialistischen Deutschen Arbeiterpartei (NSDAP).

Politische und wirtschaftliche Situation zwischen den Kriegen

Die NSDAP übernahm unter Führung von Adolf Hitler am 30. 1. 1933 die politische Macht und errichtete nach und nach unter Missachtung geltenden Rechts einen diktatorischen **Ein-Parteien-Staat**: Im Sommer 1933 kam es zur Auflösung bzw. Selbstauflösung der Parteien, innerhalb von nicht einmal fünfeinhalb Monaten war die staatliche Gewaltenteilung aufgelöst und durch Ausnahmegesetze und Sondergerichte außer Kraft gesetzt. Den antidemokratisch ausgerichteten Nationalsozialisten gelang es dabei, die Macht der Gewerkschaften und der linken Parteien SPD und KPD zu zerschlagen und die Pressefreiheit abzuschaffen.

Der Aufstieg der NSDAP

Die nationalsozialistische Ideologie

Nach nationalsozialistischer Ideologie verstand sich das „Dritte Reich" als rassisch legitimierte, hierarchisch aufgebaute Volksgemeinschaft. Vorläufer für die straffe Organisationsstruktur des Nationalsozialismus war der militärisch organisierte Obrigkeitsstaat des 19. Jahrhunderts. Die imperialistischen Bestrebungen der NSDAP hatten ein „Großdeutsches Reich" mit deutschen Kolonien überall auf der Welt zum Ziel. Daher wollten die Nationalsozialisten mit der Forderung nach Wiederaneignung der durch die deutsche Kriegsniederlage verlorenen Gebiete den Versailler Vertrag brechen und rüsteten zu diesem Zweck ab 1933 die Wehrmacht auf. Am 1. 9. 1939 setzte der **Zweite Weltkrieg** mit dem Überfall auf Polen ein.

Rassistische Herrschaftsbegründung

Aufgrund der rassistischen Begründung der Herrschaft, nach der die deutsche Nation eine Blutsgemeinschaft der nordisch-germanischstämmigen „Arier" sei, sollte sie vor „Rassenverunreinigung" – unter anderem mittels „Ariernachweisen" – geschützt werden. Ebenso waren Ehen mit Juden laut den **Nürnberger Rassengesetzen** von 1935 illegitim. Um ihre Macht aufrechtzuerhalten und als Mobilisierung für den Krieg bediente sich die NSDAP propagandistisch eingängiger und die Gefühle ansprechender Parolen. Diese erreichten über die Printmedien, aber auch über neue Medien wie Funk („Volksempfänger") und Fernsehen die Massen. Zudem schworen Massenaufmärsche das Volk auf Nationalismus, Rassismus und Antisemitismus ein. Gegen literarische und publizistische Werke, die nicht mit der beschriebenen NS-Ideologie übereinstimmten, ging die NS-Kulturpolitik rigoros vor. Sie wurden als **„entartete Kunst"** diffamiert. Zahlreiche Künstler und Journalisten erhielten Berufsverbot, wurden zur Emigration gezwungen oder getötet.

NS-Kulturpolitik

Auf allen Kanälen wurde der leidensfähige und stets opferbereite Kriegsheld medial emphatisch inszeniert. Für die „arische" Frau sah das nationalsozialistische Frauenbild vor, dass sie in ihrer (einzig

NS-Frauenbild

vorstellbaren) Rolle als Mutter treu und selbstlos ihre Pflicht erfüllte, indem sie dem „Führer" möglichst viele Kinder gebar.

Im „Blut-und-Boden-Mythos" und dem sozialdarwinistischen Glauben an das Recht des Stärkeren fand man den ideologischen Überbau für die „natürliche" Überlegenheit der „arischen Rasse". Hitler vertrat eine **„harte Pädagogik"**:

> „Meine Pädagogik ist hart. Das Schwache muss weggehämmert werden. In meinen Ordensburgen wird eine Jugend heranwachsen, vor der sich die Welt erschrecken wird. Eine gewalttätige, herrische, unerschrockene, grausame Jugend will ich. [...] Schmerzen muss sie ertragen. Es darf nichts Schwaches und Zärtliches an ihr sein. [...] Ich will eine athletische Jugend. Das ist das Erste und Wichtigste. [...] So habe ich das reine, edle Material der Natur vor mir. So kann ich das Neue schaffen. Ich will keine intellektuelle Erziehung. Mit Wissen verderbe ich mir die Jugend. Am liebsten ließe ich sie nur das lernen, was sie ihrem Spieltriebe folgend sich freiwillig aneignen. Aber Beherrschung müssen sie lernen. Sie sollen mir in den schwierigsten Proben die Todesfurcht besiegen lernen. Das ist die Stufe der heroischen Jugend."[1]

Die Indoktrinierung der Kinder

Im Jungvolk, der männlichen Hitlerjugend, und im Bund Deutscher Mädel sollte diese entsprechend indoktriniert werden. „Arische Familien" bekamen als „Herrenrasse" materielle Vergünstigungen, zudem wurde Familiengründung als nationale Pflicht gesehen, in sogenannten „Lebensborn"-Vereinen sollte gar „arischer Kampfnachwuchs" gezüchtet werden. Die „arische Hochkultur" sollte

1 Rauschning (1940), S. 23

durch den rassistischen Antisemitismus geschützt werden vor „minderwertigem" jüdischen Gedankengut und der angeblichen jüdischen „Weltherrschaft" ebenso wie vor Liberalismus, Sozialismus und Kommunismus.

Die „Auslöschung unwerten Lebens" durch die Nazis

Behinderte, Kranke und Menschen „minderer Rassen" wurden vielfach als „unwertes Leben" zwangssterilisiert oder getötet. Als Folge dieser **menschenverachtenden Ideologie** wurden in Europa mehr als fünf Millionen Menschen ermordet bzw. starben an den Folgen von Zwangsarbeit, Unterernährung und katastrophalen Haftbedingungen in den Konzentrationslagern. In diese Arbeits- und Vernichtungslager wurden Juden, aber auch Kommunisten und Sozialisten, Homosexuelle, Zeugen Jehovas, „Zigeuner", Menschen mit Behinderung, „Asoziale" und „Arbeitsscheue" gesperrt. Allein rund 500.000 Sinti und Roma wurden in Konzentrationslagern ermordet.[2]

Bereits vor Kriegsbeginn waren die etwa 30.000 Sinti und Roma[3] im Deutschen Reich diskriminiert worden. **Seit 1935 begann dann eine partielle Internierung der Sinti und Roma** in Lagern. Im November 1936 wurde in Berlin unter Leitung von Dr. Robert Ritter (1901–1951) die „Rassenhygienische und Bevölkerungsbiologische Forschungsstelle" (RHF) gegründet, die dem Reichsgesundheitsamt unterstand und rassenideologisch geprägte Untersuchungen durchführte. Es erstellte bis März 1943 fast 24.000 Gutachten über Sinti und Roma, die als Grundlage für die ab 1940 einsetzenden Deportationen zunächst in die besetzten Ostgebiete, später in

---

2 nach Fischer/Krapp (2014), S. 48
3 nach Scriba (2014)

Konzentrations- und Vernichtungslager dienten.[4] Die im September 1936 geschaffene „Reichszentrale zur Bekämpfung des Zigeunerunwesens“ führte im Zuge einer „vorbeugenden Kriminalitätsbekämpfung“ erkennungsdienstliche Registrierungen der Sinti und Roma durch. Zusammen mit der „Rassenhygienischen Forschungsstelle“ organisierte die „Reichszentrale“ darüber hinaus auch die Erfassung und die Deportationen, die in den Porajmos (Völkermord an den europäischen Roma) mündeten. (Vgl. dazu Thurners Beitrag im Materialienteil dieser Erläuterung auf Seite 85 f.)

Die politische Situation in Österreich

Bundeskanzler Dollfuß wollte selbstständigen konservativ-autoritären Staat Österreich

In Österreich wurde 1932 der christlich-soziale **Engelbert Dollfuß** Bundeskanzler, der nur durch die Zusammenarbeit mit den Rechtsradikalen (dem sogenannten „Heimatblock“) über eine einzige Stimme die Mehrheit im Parlament erlangte.[5] Dollfuß lehnte einen „Anschluss“ ans Deutsche Reich ab. Sein Ziel war ein selbstständiger konservativ-autoritärer Staat Österreich, in dem **nach italienischem Vorbild** alle Macht von Großindustrie, Adel und der katholischen Kirche ausgeht und Sozialdemokraten, Gewerkschaften und Kommunisten kein Mitspracherecht haben. Der **Republikanische Schutzbund** der Sozialdemokraten wurde 1932 aufgelöst und verboten, wohingegen die Christlich-Soziale **Heimwehr** unter Führung des Fürsten Ernst Rüdiger Starhemberg immer offener militant-faschistisch und bewaffnet auftrat. 1933 wurde die Heimwehr staatliche Notpolizei und Emil Fey, ein Heimwehrführer, Vizekanzler. Mithilfe der Heimwehr festigte Dollfuß seine **faschistische Diktatur**. Die österreichischen Nationalsozialisten begriffen

---

4 ebd.

5 Die Informationen zur politischen Situation in Österreich und der „Diktatur Dollfuß“ sind dem Schülerarbeitsheft von Fischer/Krapp (2014), S. 16 f. entnommen.

Hitlers „Machtergreifung" am 30. Januar 1933 als Gelegenheit zum „Anschluss" an das „Deutsche Reich". Um dies zu verhindern, verbot Dollfuß im Juni 1933 die NSDAP Österreichs. Am 12. Februar 1934 stürmte die Heimwehr das sozialdemokratische Parteiheim „Hotel Schiff" in Linz auf der Suche nach Waffen des im Untergrund weiter bestehenden Republikanischen Schutzbundes. Darauf eröffneten die Schutzbundler das Feuer und in der Folge kam es zu Aufständen in vielen Industriestädten Österreichs, darunter auch Steyr. Dabei wurden Sozialdemokraten durch Standgerichte zum Tode verurteilt, die Sozialdemokratische Partei und deren Organisationen löste man auf. Viele Sozialdemokraten wandten sich enttäuscht von ihren Parteivorsitzenden ab, da es von deren Seite wenig Gegenwehr und keinen Versuch gab, die Regierung Dollfuß zu stürzen. Am 1. Mai 1934 wurden dem Parlament die Rechte entzogen und Dollfuß setzte per Erlass eine neue Verfassung in Kraft. Im Juli desselben Jahres wurde er **Opfer eines dilettantischen Putschversuches** der Nationalsozialisten Österreichs, die es jedoch nicht schafften, die Regierungsmacht an sich zu reißen.

Juliabkommen 1936 zwischen Deutschland und Österreich zur Wahrung der Souveränität Österreichs

Der neue Bundeskanzler **Kurt Schuschnigg** setzte Dollfuß' Politik fort. Er verbot die Parteien und etablierte den **„Austrofaschismus"** mit einem Krukenkreuz als Herrschaftssymbol. Hitlers Erfolge und die glanzvollen Olympischen Spiele 1936 in Berlin ließen viele Österreicher auf einen „Anschluss" an Deutschland drängen, weil sie sich dadurch einen Wirtschaftsaufschwung erhofften. Am 11. Juli 1936 kam ein „Nichteinmischungspakt" zwischen Deutschland und Österreich zustande, der die Unabhängigkeit Österreichs bestätigen sollte. 1938 setzte Hitler die Ernennung von **Arthur Seys-Inquart**, Vorsitzender der österreichischen Nationalsozialisten, zum Innenminister durch und erreichte am 11. März den Rück-

„Anschluss" Österreichs an das Deutsche Reich im März 1938

tritt Schuschniggs. Am Tag darauf wurde Schuschnigg verhaftet und deutsche Truppen marschierten in Österreich ein.

NS-Repressionen gegen Sinti und Roma in Österreich

Österreichische Sinti und Roma seit 300 Jahren integriert

Unmittelbar nach diesem sogenannten „Anschluss" Österreichs begann der nationalsozialistische Terror sich auszuweiten. Im Zuge dessen waren auch österreichische Sinti und Roma, die seit rund 300 Jahren vor allem im Burgenland als Arbeiter, Handwerker und Geschäftsinhaber integriert waren, schlimmen Repressionen ausgesetzt.[6] Im Mai 1938 wurden auf Heinrich Himmlers Anweisung die Fingerabdrücke der gesamten österreichischen Sinti- und Romabevölkerung erfasst und den Kindern der Schulbesuch untersagt. Im Juni 1938 wurden in der reichsweiten Polizeiaktion „Arbeitsscheu Reich" fast 10.000 sogenannte „Asoziale" verhaftet und in Konzentrationslager überführt. Im Dezember 1938 erließ Himmler eine „Regelung der Zigeunerfrage aus dem Wesen dieser Rasse", worauf im Frühjahr 1939 für Sinti und Roma verschiedenfarbige Ausweise eingeführt wurden und deren Reisepässe mit einem „Z" gekennzeichnet wurden. Ab Herbst desselben Jahres wurde ihnen untersagt, ihren gegenwärtigen Aufenthaltsort zu verlassen und laut einer geheimen Anordnung erhielten Juden und „Zigeuner" grundsätzlich keine Genehmigung zum Grundstückserwerb. Die meisten Sinti und Roma wurden in „Zigeunerzwangslager" interniert und dann in diversen Verhaftungswellen zwischen 1940 und 1943 aus Deutschland und Österreich zur Zwangsarbeit in Arbeitslagern bzw. Ghettos im Osten deportiert. Ab 1940 wurden besondere **Konzentrationslager für Sinti und Roma in Österreich** errichtet, das größte davon in Lackenbach im Burgenland, wohin

Ab 1938 systematische Verfolgung und Ermordung der Sinti und Roma

---

6 nach Fischer/Krapp (2014), S. 15

über 4.000 Menschen verschleppt wurden. In diesen Konzentrationslagern setzte sich die Lagerleitung und das Wachpersonal aus SS-Leuten zusammen. Die Internierten mussten unter unmenschlichen Bedingungen (Überbelegung, mangelhafte Ernährung, katastrophale sanitäre Verhältnisse, Misshandlung durch die Bewacher) schwerste Zwangsarbeit leisten.

> „[1940] empfahl der Grazer Oberstaatsanwalt Meissner die Sterilisierung der gesamten Roma-Bevölkerung im österreichischen Burgenland: Die Zigeuner seien ‚rassisch minderwertig', ‚geschlechtlich zügellos', ‚sittlich und geistig minderwertig', ‚arbeitsscheu' – kurzum, sie würden ‚nie ein reichstreues Element werden und die sittliche Höhe der deutschen Bevölkerung immer wieder gefährden'".[7]

Ab November 1941 war Sinti und Roma das Benutzen öffentlicher Verkehrsmittel untersagt.

Die Deportation nach Auschwitz

Im Deutschen Reich fand die Verfolgung im sogenannten **„Auschwitz-Erlass"** Heinrich Himmlers vom 16. Dezember 1942 ihren Höhepunkt. Himmler ordnete die Selektion und nachfolgende Deportation der Opfer an, was dem Befehl zur Vernichtung gleichkam. Selektiert wurde nach den Richtlinien der „Rassenhygienischen Forschungsstelle": Sowohl „rassenreine Zigeuner" als auch die als besonders „asozial" klassifizierten „Zigeunermischlinge" wurden deportiert. Die noch im Reich verbliebenen, als angepasst eingestuften „zigeunerischen Personen" sollten zwangssterilisiert werden.

---

7 Mettke (1981)

Ende Januar 1943 bekamen Kriminalpolizei und SS die Deportationsbefehle.

Himmlers Befehl zur **Deportation der österreichischen Sinti und Roma nach Auschwitz** erfolgte schließlich im Frühjahr 1943. Das „Zigeunerfamilienlager" in Auschwitz wies die höchste Todesrate außerhalb des Vernichtungskomplexes auf. Hier führte der SS-Arzt **Josef Mengele** (1911–1979) unter anderem sadistische, menschenverachtende Experimente an Sinti- und Roma-Zwillingen durch, bei denen er nachzuweisen suchte, dass spezifische „Rassenmerkmale" vererbt werden. Dazu tötete er mehrfach Sinti- und Roma-Zwillinge eigenhändig, um ihre Leichen zu sezieren. Andere Ärzte führten äußerst schmerzhafte Sterilisationsversuche mit Röntgenstrahlen durch.[8]

Während der folgenden Monate wurden rund 22.600 Roma und Sinti aus dem gesamten Reichsgebiet, aus dem ehemaligen Österreich, aus dem Elsass, aus Lothringen und später auch aus Belgien und den Niederlanden nach Auschwitz deportiert. Von den circa 40.000 Sinti und Roma in Deutschland und Österreich überlebte etwa ein Drittel den Nationalsozialismus. Europaweit starben bei Pogromen zwischen 220.000 und 500.000 Sinti und Roma, wobei sich viele von ihnen aktiv am Widerstand gegen die Nationalsozialisten und ihre Kollaborateure beteiligten.[9]

---

8 nach Rose (1999), S. 365

9 nach http://www.sintiundroma.de/sinti-roma/ns-voelkermord/vernichtung/widerstand.html (Stand Mai 2015) und Rose (1999), S. 365

2.3 Angaben und Erläuterungen zu wesentlichen Werken

ZUSAMMENFASSUNG

Erich Hackl hat sich als Schriftsteller sowie als Übersetzer und Herausgeber spanischer und lateinamerikanischer Literatur einen Namen gemacht. Als Autor greift er an der Grenze zwischen Literatur und historischer Reportage auf dokumentarisches Material zurück und illustriert anhand von Einzelschicksalen unter anderem die NS-Vergangenheit oder den spanischen Faschismus.

Der in Steyr (Oberösterreich) geborene Schriftsteller Erich Hackl arbeitet seit 1983 als Schriftsteller, Übersetzer und Herausgeber.[10] Er war unter anderem ständiger Mitarbeiter des *Wiener Tagebuch* und gab die *Aurora-Bücherei* heraus, eine Buchreihe für internationale Lyrik, die jedoch bald wieder eingestellt wurde. Hackl schreibt regelmäßig für die Zürcher *Wochenzeitung* und hat zahlreiche Anthologien mit spanischer und lateinamerikanischer Literatur herausgegeben. Er ist Mitglied der Deutschen Akademie für Sprache und Dichtung in Darmstadt.

Dokumentarisches Material fiktional ausgestaltet

Als Schriftsteller verwendet Erich Hackl häufig dokumentarisches Material, das er mit fiktionalen Mitteln ausgestaltet. Seine Erzählberichte beruhen auf authentischen Fallgeschichten von vergessenen oder verschwiegenen „Helden", von Opfern geschichtlicher und sozialer Ungerechtigkeiten, die er folgendermaßen charakteri-

---

10 Die Informationen zu Erich Hackl sind http://www.buecher-wiki.de/index.php/BuecherWiki/HacklErich (Stand Mai 2015) entnommen.

siert: „Ich glaube nicht, dass sie besonders glücklich sind, und der Hinweis darauf, dass sie in Einklang mit ihren Ideen und Werten handeln und leiden, macht sie eher verdächtig, und mich dazu, weil ich diese Werte teile. Ihnen blüht vieles, nur nicht der Erfolg.“[11]

So hat er immer wieder die jüngste Vergangenheit des 20. Jahrhunderts, den spanischen Faschismus und den deutschen Nationalsozialismus in Einzelschicksalen lebendig werden lassen. Kritiker lobten an dem „besessenen Rechercheur und Grenzgänger zwischen Literatur und literarisch-historischer Reportage“ insbesondere seinen präzisen Umgang mit Sprache.[12] In seiner Laudatio auf Erich Hackl am 15. Juli 2002 anlässlich der Verleihung des Schweizer Solothurner Literaturpreises sagt Hans Ulrich Probst:

Präziser Umgang mit Sprache

> „In einer Zeit, wo politische Themen rasch den Vorwurf unzeitgemäßen Moralisierens ernten, gelingt es Erich Hackl glaubwürdig über politische Ethik zu schreiben, fern aller postmodernen Beliebigkeit, sich als Chronist zu profilieren, der dem Grauen der Geschichte ein Gesicht gibt, indem er sich dezidiert auf die Seite der Opfer stellt, ihnen eine Stimme gibt.“[13]

---

11 Pichler (2005), S. 19
12 vgl. Menasse (2002)
13 Probst (2002)

VERÖFFENTLICHUNGEN ALS AUTOR UND HERAUSGEBER (AUSWAHL)[14]	
1986	*Geschichten aus der Geschichte des Spanischen Bürgerkriegs.* Erzählungen und Berichte deutschsprachiger Autoren (Herausgeberschaft mit Cristina Timón Solinís)
1987	*Auroras Anlass. Erzählung* *Wien, Wien allein. Literarische Nahaufnahmen* (Herausgeberschaft) *Zugvögel seit jeher. Freude und Not spanischer Zigeuner* (Herausgeberschaft mit Willy Puchner)
1989	*Abschied von Sidonie. Erzählung* *Spanien im Schatten der Sonne. Eine literarische Reise in 26 Etappen* (Herausgeberschaft mit Manuel Lara García)
1991	*König Wamba. Ein Märchen*
1995	*Sara und Simón. Eine endlose Geschichte*
1996	*In fester Umarmung. Geschichten und Berichte* Henriette Haill: *Straßenballade. Gedichte* (Nachwort und herausgegeben von Erich Hackl) Alfredo Bauer: *Hexenprozess in Tucumán und andere Chroniken aus der neuen Welt* (herausgegeben von Erich Hackl)
1999	*Entwurf einer Liebe auf den ersten Blick*
2000	*Materialien zu „Abschied von Sidonie" von Erich Hackl. Materialien zu einem Buch und seiner Geschichte* (herausgegeben von Ursula Baumhauer) *Der Träumer Krivanek. Eine Geschichte zu Bildern von Trude Engelsberger* *Album Gurs. Ein Fundstück aus dem Widerstand* (Herausgeberschaft mit Hans Landauer)
2002	*Die Hochzeit von Auschwitz. Eine Begebenheit*
2004	*Anprobieren eines Vaters. Geschichten und Erwägungen*
2005	*Das Y im Namen dieser Stadt. Ein Steyr Lesebuch* (Herausgeberschaft mit Till Mairhofer)

---

14 Eine Bibliografie von Hackls Veröffentlichungen ist bei Diogenes zu finden (http://www.diogenes.ch/leser/autoren/a-z/h/hackl_erich/download, Stand Mai 2015) oder auf http://temporati.de/Erich_Hackl.html (Stand Mai 2015), einer chronologischen Suchmaschine.

VERÖFFENTLICHUNGEN ALS AUTOR UND HERAUSGEBER (AUSWAHL)	
2007	*Als ob ein Engel. Erzählung nach dem Leben*
2010	*Familie Salzmann. Erzählung aus unserer Mitte*
2012	*Der Heimwehträger. Neunzig Minuten mit Fritz Kalmar. Filmdokumentation* (Regie: Erich Hackl und Libertad Hackl)
2013	*Dieses Buch gehört meiner Mutter*
2014	*Im Kältefieber. Februargeschichten 1934* (Herausgeberschaft mit Evelyne Polt-Heinzl) *Drei tränenlose Geschichten: Familie Klagsbrunn. Der Fotograf von Auschwitz* (Erstpublikation 2007). *Tschofenigweg. Legende dazu* (Erstpublikation 2009)

ERLÄUTERUNGEN ZU EINZELNEN WERKEN	
1987	***Auroras Anlass.*** *Erzählung* Hackls erste Erzählung schildert die außergewöhnliche Lebensgeschichte der Spanierin Aurora Rodríguez und ihrer Tochter Carmen Rodríguez Carballeira, genannt Hildegart, bis 1955. Die hochbegabte Hildegart, eine emanzipierte und engagierte Sozialistin, wird mit 19 Jahren von ihrer Mutter ermordet. Für das Buch erhielt Hackl den *aspekte*-Literaturpreis.
1991	***König Wamba.*** *Ein Märchen* Beim Volk der Goten tragen alle Männer Bärte, und dessen König Wamba hat den längsten. Eines Tages beschließen die Männer, wegzuziehen an einen wärmeren Ort. Sie wandern lang umher, bis sie in ein Dorf kommen, wo nur Frauen und Kinder wohnen. König Wamba befiehlt, dass alle Bartlosen den Goten dienen müssen. Da schneiden die Frauen die Bärte der Männer ab und kleben sie sich selbst an.
1995	***Sara und Simón.*** *Eine endlose Geschichte* Nach einer wahren Begebenheit: Sara Méndez flüchtet 1973 aus dem diktatorischen Uruguay nach Argentinien, wo sie den Regimekritiker Maricio Gatti kennenlernt. 1976 wird sie gefangengenommen und muss ihr neugeborenes Baby Simón zurücklassen. Nach sieben grausamen Gefängnisjahren kommt sie frei und beginnt mit der Suche nach ihrem Sohn. Sie meint ihn gefunden zu haben in dem Adoptivkind Gerardo. Der Gerichtsprozess über diesen Fall dauert Jahre, schließlich wird das Verfahren eingestellt.

ERLÄUTERUNGEN ZU EINZELNEN WERKEN	
1999	***Entwurf einer Liebe auf den ersten Blick*** Nach einer wahren Begebenheit: Der österreichische Heizungsmonteur Karl Sequens kämpft 1936 in Spanien gegen aufständische Franquisten. Er heiratet Herminia, Tochter eines Franzosen und einer Valencianerin. Ihre Tochter Rosa kommt 1938 zur Welt. Karl muss zurück an die Front, das Paar verliert sich aus den Augen. 1942 bis 1945 wird er in verschiedene Konzentrationslager verschleppt. Nach Kriegsende erfährt Herminia, dass er von einem SS-Mann erschossen wurde. Rosa bleibt in Wien. Bei ihrer Arbeit als Krankenschwester lernt sie ihre große Liebe, einen Spanischlehrer, kennen.
2000	***Materialien zu „Abschied von Sidonie".*** *Materialien zu einem Buch und seiner Geschichte* Materialien zum 1989 erschienenen Buch und seiner Entstehungs- und Wirkungsgeschichte: Vorstufen der Erzählung, Dokumente und Gesprächsprotokolle mit Angehörigen des 1943 verschleppten Mädchens, Essays über die Verfolgung der Sinti und Roma und das Verhältnis zwischen Dokumentation und Fiktion etc.
2002	***Die Hochzeit von Auschwitz.*** *Eine Begebenheit* Einen Tag lang darf die Spanierin Marga Ferrer im März 1944 in das KZ Auschwitz, um den zehn Jahre älteren Häftling Rudi Friemel zu heiraten. Kennengelernt haben sich die beiden, die schon einen gemeinsamen Sohn haben, im Spanischen Bürgerkrieg. 1941 wird Friemel nach Auschwitz gebracht, wo er drei Jahre später stirbt. Seine Frau überlebt ihn um 43 Jahre. Auch für dieses Buch hat Hackl intensiv recherchiert und zahlreiche Zeitzeugen befragt.
2004	***Anprobieren eines Vaters.*** *Geschichten und Erwägungen* Texte, Porträts, Kommentare und Reportagen über kaum bekannte Autoren wie Stella Rotenberg, Elisabeth Freundlich, Franz Kain, Humberto Ak'abal und Juan Gelman.
2007	***Als ob ein Engel.*** *Erzählung nach dem Leben* Nach einer wahren Geschichte: Gisela Tenenbaum, eine junge argentinische Oppositionelle, verschwindet 1977 spurlos. Hackl sprach mit Familienmitgliedern, Freunden und Mitgliedern der Montoneros, einer linksrevolutionären studentischen Widerstandsgruppe, der sie angehörte: Steckt hinter ihrem Verschwinden die argentinische Militärdiktatur?

ERLÄUTERUNGEN ZU EINZELNEN WERKEN	
2010	***Familie Salzmann.*** *Erzählung aus unserer Mitte* Eine deutsch-österreichische Familiengeschichte über drei Generationen, von den 1920er Jahren bis in die Gegenwart, von der Steiermark bis Paris. Hackl erzählt von NS-Widerstandskämpfern, dem Konzentrationslager Ravensbrück, der DDR und dem weiter fortbestehenden Rassismus in Österreich.
2014	***Drei tränenlose Geschichten*** Als Vorlage dienten Fotografien, deren Geschichten Hackl erzählt. Eine handelt von der *Familie Klagsbrunn*, einer jüdischen Familie aus Wien, die vor den Nazis nach Brasilien flieht. In *Der Fotograf von Auschwitz* wird die Geschichte von Wilhelm Brasse erzählt, der als „Lagerfotograf" Häftlinge fotografieren muss. *Tschofenigweg. Legende dazu* erzählt von der Widerstandskämpferin Gisela Tschofenig, die kurz vor Kriegsende von den Nazis getötet wurde.

3. TEXTANALYSE UND -INTERPRETATION

3.1 Entstehung und Quellen

ZUSAMMEN-FASSUNG

Das Verdrängen und Totschweigen der NS-Vergangenheit lieferten dem Autor den Anstoß zu ersten zeitgeschichtlichen Recherchen in seiner oberösterreichischen Steyrer Heimat. Für seine Erzählung *Abschied von Sidonie* hat er zahlreiche Zeitzeugen interviewt und auch auf amtliche Dokumente (Aktennotizen zum Fürsorgeakt) zurückgegriffen.

Verdrängung der Vergangenheit in Hackls Geburtsstadt

In der oberösterreichischen Industriestadt Steyr wird die NS-Vergangenheit in der Nachkriegszeit beharrlich verschwiegen und verdrängt, auch wenn es in der einstigen Arbeiterhochburg heftige Proteste gegen die Naziherrschaft gegeben hatte. Dieses beredte Schweigen über die belastende Vergangenheit lieferte dem 18-jährigen Erich Hackl Anlass zu ersten zeitgeschichtlichen Recherchen.[15] Den Entstehungsprozess der Erzählung beschreibt Hackl ausführlich in seinen im Jahr 2000 erschienenen *Materialien zu „Abschied von Sidonie“* (im Materialienteil dieser Erläuterung auf Seite 81 ff. findet sich dazu ein entsprechender Textauszug). Aufmerksam wurde er auf den Fall Sidonie Adlersburg im Jahr 1987 durch das Gespräch mit dem Ehepaar Draber, ehemaligen Widerstandskämpfern. Er schrieb **drei unterschiedliche Fassungen** der Erzählung, dazwischen auch ein **Filmdrehbuch** *Sidonie Adlersburg*.

15 nach Probst (2002)

Für seine Recherchen zu der Erzählung interviewte Hackl zahlreiche Zeitzeugen, unter anderem Josefa und Manfred Breirather, Sidonies Pflegemutter und ihren Stiefbruder (Sidonies Pflegevater Hans Breirather war zu Recherchebeginn schon gestorben), sowie Sidonies leiblichen Bruder Joschi Adlersburg, den das Mädchen erst kurz vor ihrem Tod kennengelernt hatte (im Materialienteil dieser Erläuterung auf Seite 80 erzählt Josefa Hackl von ihren letzten gemeinsamen Stunden mit Sidonie). Auch mit der Fürsorgerin Cäcilia Grimm hat der Autor mehrfach gesprochen. Sie „ist sich keiner Schuld bewusst. Was hätte man damals auch anderes machen können“ (117). Hackl sagt über diese Begegnungen in einem Gespräch mit Michael-Josef Richter:

Gespräche mit der Familie und anderen Zeitzeugen

> „Sie legte eine bestimmte Kälte und Härte an den Tag, und hat sich auch noch selbst, mit einer gewissen Wehleidigkeit, als Opfer gesehen, weil sie nach dem Krieg zuerst nicht hatte arbeiten dürfen, und auch, weil sie immer hätte Angst haben müssen, dass man ihr etwas andichtet, da sie ja mit dem Kind zu tun gehabt habe. Sie hat aber von dem Kind selbst und von dem Sachverhalt mit einer großen Kälte gesprochen. [...] Ähnlich war es auch in Hopfgarten, wo ich mit der damaligen provisorischen Gemeindesekretärin gesprochen habe, die sich an die Übergabe [Sidonies an ihre leibliche Mutter] erinnern konnte und dies auch mit einer großen Kälte erzählt hat.“[16]

Kälte und Härte bei den Mitverantwortlichen für Sidonies Tod – auch Jahrzehnte nach dem Zweiten Weltkrieg

Ein Großteil derjenigen, die für Sidonies Tod mitverantwortlich waren, lebten zum Zeitpunkt von Hackls Recherchen für die Erzählung noch. Viele äußerten im Gespräch mit dem Autor, dass sie das Mädchen gemocht hätten. Hackl hat „sich gewundert, dass die

„Kein Einziger war sich irgendeines Versäumnisses bewusst.“

---

16 Richter (1996), S. 159

Leute sehr offen geredet haben. Kein Einziger war sich irgendeines Versäumnisses bewusst“[17]. (Vgl. zum heutigen Bild von Sinti und Roma das Interview mit Markus End im Materialienteil dieser Erläuterung auf S. 86 ff.)

Chronologie der Entstehungsgeschichte

20.5.1980	Hans Breirather, Sidonies Stiefvater, stirbt.
1984	Für das ORF-Radiofeature „Am Beispiel Steyr: Erlebte Zeitgeschichte – Erinnerungen an einen Aufstand: Steyr im Jahre 1934" mit Walter Wippersberg stößt Erich Hackl auf historische Quellen zum Fall Sidonie Adlersburg, die in Letten aufwuchs, nur wenige Kilometer von seiner Heimatstadt Steyr entfernt. Als Hackl geboren wurde (*1954), war Sidonie bereits zwölf Jahre tot.
Oktober 1986	Hackls literarische Reportage *Das Schweigen um Sidonie Adlersburg* erscheint in der Oktoberausgabe der Zeitschrift *Wiener Tagebuch*.
November 1986	Später gestaltet er daraus das Prosastück *Nachforschungen über Sidonie Adlersburg*, das in der Novemberausgabe von *hallo* abgedruckt wird, der Zeitschrift der österreichischen Gewerkschaftsjugend.
Frühjahr 1987	Hackl befragt den Steyrer Widerstandskämpfer Franz Draber, seine Frau Erna Draber erwähnt Manfred Breirather, der seit Jahren erfolglos um eine Gedenktafel für seine Ziehschwester, ein im KZ umgekommenes Romamädchen, kämpft.
August 1987	Hackl kontaktiert Manfred Breirather und seine Mutter Josefa und sammelt im Verlauf der folgenden zwei Jahre weiter historisches Archivmaterial für eine Erzählung.
November 1988	Hackl befragt Joschi Adlersburg, den einzigen überlebenden leiblichen Bruder Sidonies, über ihr Zusammentreffen in Hopfgarten und Sidonies Tod in Auschwitz-Birkenau.

---

17 Pickerodt (1989)

1988	Hackl schreibt das Drehbuch *Sidonie Adlersburg* für einen Drehbuchwettbewerb der Europäischen Fernsehunion und bekommt den 1. Preis.
Dezember 1988	Eine Gedenktafel wird an der Fassade des Heims der Sozialistischen Jugend in Sierning angebracht: „Im Gedenken an das Zigeunermädchen Sidonie Adlersburg 1933–1943. Aufgewachsen in Letten, gestorben in Auschwitz. Opfer der faschistischen Machthaber und ihrer willfährigen Untertanen."
1989	Josefa Breirather stirbt. Die Erzählung *Abschied von Sidonie* erscheint im Diogenes Verlag.
1990	Fernsehfilm *Sidonie*, Drehbuch: Erich Hackl, Regie: Karin Brandauer, Produktion: ORF und Bayerischer Rundfunk.
Dezember 1994	Neonazis zerfetzen einen Kranz, der vor Sidonies Gedenktafel niedergelegt wurde.
4.10.1999	Manfred Breirather stirbt.
Mai 2000	Eröffnung des Sidonie-Adlersburg-Kindergartens in Letten.

3.2 Inhaltsangabe

ZUSAMMENFASSUNG

Abschied von Sidonie erzählt vom Schicksal des Romamädchens Sidonie, das trotz aller Bemühungen ihrer Pflegeeltern, der sozialdemokratisch gesinnten Familie Breirather, mit zehn Jahren 1943 im „Zigeunerlager" im KZ Auschwitz-Birkenau ums Leben kommt, weil sich mit Ausnahme ihrer Pflegefamilie niemand der Dorfbewohner und verantwortlichen Jugendamtsmitarbeiterinnen für Sidonie einsetzt.
Im August 1933 wird vor dem Steyrer Krankenhaus ein zwei Monate altes Baby gefunden mit einem Zettel mit seinem Namen, Sidonie Adlersburg. Hans und Josefa Breirather nehmen es als Pflegekind auf und kümmern sich liebevoll um es wie auch um den leiblichen Sohn Manfred und die Pflegetochter Hilde. Das Mädchen wächst unbeschwert heran und ist trotz gelegentlicher Neckereien wegen seiner dunklen Haut in die Dorfgemeinschaft integriert. Als aktiver Sozialdemokrat wird Hans Breirather vor allem mit dem „Anschluss" Österreichs ans Deutsche Reich 1938 immer wieder beargwöhnt und verhaftet. Hans und Josefa können nicht verhindern, dass laut behördlicher Anweisung Sidonie im März 1943 zu ihrer leiblichen Mutter in das „Zigeunersammellager" nach Hopfgarten kommt. Kurz darauf wird Sidonie nach Auschwitz-Birkenau deportiert, wo sie, traumatisiert durch die Trennung von ihrer Pflegefamilie, stirbt.

Kapitel 1 (S. 7–15)

Die zwei Monate alte Sidonie wird vor dem Krankenhaus Steyr abgelegt.

Am 18. August 1933 entdeckt der Pförtner Mayrhofer im Eingang des Steyrer Krankenhauses (Oberösterreich) einen in Lumpen gewickelten Säugling. Ein beiliegender Zettel informiert, dass das Kind Sidonie Adlersburg heißt. Man vermutet, dass das dunkelhäutige, schwarzhaarige Kind ein „Zigeunerkind" sei. Die vermeintliche Mutter ruft an und verspricht, ihr Kind bald zu sich zu nehmen, wenn es ihr finanziell besser gehe; am 25. März 1934 meldet sie sich zum zweiten Mal, dass sie Sidonie doch nicht nehmen könne. In der Stadt Steyr gibt es viel Arbeitslosigkeit und Armut, in der Folge kommt es zu Hungerdemonstrationen und Tumulten. Das stark rachitische Mädchen wird im Krankenhaus versorgt, während die Behörden nach der Mutter suchen. Als die Suche erfolglos abgebrochen werden muss, bietet das Jugendamt das Kind zur Pflege an. Die Schlossersgattin Amalia Derflinger zeigt sich interessiert, gibt Sidonie aber nach zwei Tagen wieder zurück, weil ihr Mann kein „Zigeunerkind" möchte.

Suche nach Sidonies Mutter bzw. nach Pflegeeltern

Kapitel 2 (S. 16–31)

Familie Breirather nimmt Sidonie als Pflegekind auf.

Das Ehepaar Hans und Josefa Breirather aus dem sieben Kilometer von Steyr entfernten Letten nimmt Sidonie in Pflege für 30 Schilling monatlich. Hans Breirather ist 1899 geboren, dient als Soldat im Ersten Weltkrieg, aus dem er 1919 zurückkehrt. Er schließt sich der Sozialdemokratischen Partei an und sympathisiert mit der Russischen Revolution. Er findet Arbeit in den Steyr-Werken, verliebt sich in Josefa, und 1928 kommt Sohn Manfred zur Welt. Weil sie nicht mehr Kinder bekommen können, nehmen sie Sidonie als Pflegekind auf, das wegen seiner dunklen Haut von vielen abgelehnt

Lebensweg Hans Breirathers; politische Situation

wird. Seit 1927 ist Hans Ortsleiter des Republikanischen Schutzbundes, eine Art SPD-Arbeiterwehr, die auch in Besitz illegaler Waffen ist. 1933 wird unter Kanzler Dollfuß die Erster-Mai-Kundgebung verboten, das illegale Waffenlager wird entdeckt und Breirather zu vier Monaten Untersuchungshaft verurteilt.

Pflegemutter Josefa lässt die kranke und unterernährte Sidonie von einer Wunderheilerin kurieren, weil der Gemeindearzt Schönauer dem dunkelhäutigen Kind die Behandlung verweigert.

Kapitel 3 (S. 32–46)

Hans kommt ins Gefängnis; auf Drängen der Kirche Heirat, um Unterstützung für die Familie zu bekommen.

Niederschlagung von Arbeiteraufständen; Josefa muss die Familie allein durchbringen

Am 12. Februar 1934 – Hans ist gerade auf dem Weg zum Haftantritt ins Steyrer Gefängnis – brechen in Steyr und Linz Arbeiteraufstände aus. Er macht sich mit seinen Genossen bewaffnet auf den Weg nach Steyr. Doch der Aufstand wird niedergeschlagen, die Heimwehr plündert die Konsumgenossenschaft und durchsucht auch Breirathers Haus. Hans und seine Genossen werden zu 18 Monaten Gefängnis verurteilt. Nun muss sich Josefa allein durchschlagen. Sie wird von Schule und Kirche schikaniert, schließlich nötigt die Kirche Hans und Josefa, die kirchliche Trauung nachzuholen, um Unterstützung für die Familie zu bekommen. Die Trauung findet im Gefängnis statt.

Kapitel 4 (S. 47–56)

Hans wird entlassen; Aufnahme des zweiten Pflegekindes Hilde.

Manfred ist nie eifersüchtig auf seine Schwestern

Im März 1935 wird Hans vorzeitig aus der Haft entlassen. Nach fünf Monaten findet er in seiner alten Fabrik wieder Arbeit. Josefa hat noch ein Pflegekind aufgenommen, Hilde, sie wohnen jetzt sehr beengt. Die Kinder wachsen unbeschwert heran, Sidonie wird von den Nachbarn akzeptiert. Hans und Josefa bleiben im Gegensatz zu den meisten anderen ihren politisch „roten“ Überzeugungen treu. Die (noch) illegale NSDAP findet immer mehr Anhänger. Das Jugendamt kann Sidonies leibliche Mutter nicht ausfindig machen, weswegen Breirathers sie auch nicht adoptieren können. 1936 wird in Wien die „Internationale Zentralstelle zur Bekämpfung des Zigeunerunwesens“ errichtet.

Breirathers können Sidonie nicht adoptieren, da immer noch nach ihrer Mutter gesucht wird

Kapitel 5 (S. 57–67)
Einmarsch der Wehrmacht in Österreich; Zerschlagung vieler Widerstandszellen, die die Breirathers aufbauen wollen.

Die deutsche Wehrmacht marschiert im März 1938 in Österreich ein. Manfred, der leibliche Sohn der Breirathers, schaut sich begeistert deren Durchmarsch in Letten an. Ein Arbeitslager für polnische Zwangsarbeiter entsteht hinter Breirathers Haus, in das ein regimetreues sudetendeutsches Ehepaar einzieht, das die Nachbarn bespitzelt. Die Gestapo überprüft mehrfach Hans und Josefa. Hans sucht den Kontakt mit Widerstandsgruppen und politischen Gefährten, z. B. mit dem Kollegen Petrak, der lange in der Sowjetunion gelebt hat und enttäuscht vom Stalinismus heimgekehrt ist. Ein Ehepaar aus Wien, mit dem Hans verkehrt, wird verhaftet.

Josefa hilft polnischen Zwangsarbeitern

Kapitel 6 (S. 68–79)
Einschulung und Firmung Sidonies.

Im Herbst 1939 wird Sidonie zusammen mit Hilde eingeschult. Sie geht eifrig zur Schule, ist glücklich und dankbar dafür und auch sonst sehr hilfsbereit und freundlich, aber sie lernt schlecht, kann sich nicht konzentrieren und muss die erste Klasse wiederholen. In der Schule, im Ort und beim Spielen wird Sidonie zunehmend mit rassistischen Äußerungen und Hass konfrontiert. Umherziehende „Zigeuner“ gibt es nun nicht mehr. Die Papierhändlerin Frau Hinteregger richtet für Sidonie an Pfingsten 1942 zur Firmung eine

„Jahre ohne Zigeuner“; zunehmender Rassismus und Hass im Umfeld der Familie schöne Feier aus. Sie bereitet ihr damit eine große Freude und drückt ihre Verbundenheit mit Sidonie und der Familie aus.

Kapitel 7 (S. 80–94)

Sidonie soll zu ihrer leiblichen Mutter kommen; niemand hilft den Breirathers, dies zu verhindern, obwohl alle wissen, dass es das Todesurteil für die Zehnjährige ist.

Verzweifelte und vergebliche Versuche der Breirathers, Sidonie zu retten

Im Spätherbst 1942 kündigt ein Gendarm Josefa an, ein amtliches Schreiben aus Steyr sei unterwegs. Josefa ist beunruhigt. Im März 1943 kommt der Brief an: Sidonie soll sofort ihrer leiblichen Mutter zugeführt werden, die inzwischen vom Jugendamt ausfindig gemacht werden konnte. Josefa fleht die Fürsorgerin Cäcilia Grimm auf Knien um Hilfe an, vergeblich. Hans bittet einen Bauern, Sidonie vorübergehend bei ihm zu verstecken, doch der lehnt ab. Am 13. März schlägt Hans der Jugendamtsleiterin Korn vor, auf das Pflegegeld zu verzichten, ja, es zurückzuzahlen und Sidonie nötigenfalls sterilisieren zu lassen, wenn sie nur bei ihnen bleiben könne, doch Korn weist ihn mit dem Hinweis „Befehl ist Befehl" (89) ab. Dabei wäre die Rückführung Sidonies nicht unbedingt nötig gewesen, stellt der Erzähler fest: Bei den Anfragen an Lehrer und Bürgermeister, ob das Kind sich gut eingefügt habe oder auffällig sei, äußern diese sich zurückhaltend und sprechen sich nicht eindeutig für Sidonies Charakter und ihren Verbleib in der Gemeinde aus, obwohl sie wissen müssten, dass die Zehnjährige nur deshalb zu ihrer leiblichen Mutter gebracht werden soll, um alle „Zigeuner" gesammelt in den Osten deportieren zu können.

Kapitel 8 (S. 95–102)

Josefa muss Sidonie der Fürsorgerin Grimm übergeben, die das Kind nach Hopfgarten bringt.

Ende März nimmt Sidonie Abschied, ihr Rucksack wird gepackt

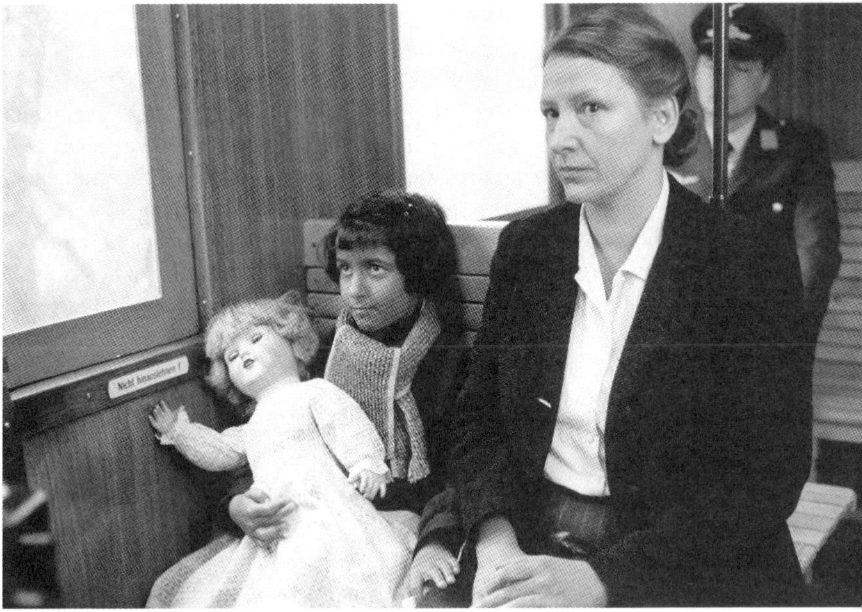

Josefa begleitet Sidonie im Zug bis Steyr (Szene aus dem Spielfilm *Sidonie* von 1990) © ullstein bild – United Archives / 90060

und sie bekommt Geschenke von Nachbarn und Mitschülern. Die Zehnjährige ist hin- und hergerissen, einerseits freut sie sich auf ihre leibliche Mutter, andererseits hat sie Angst. Mit Josefa besteigt das Mädchen den Zug nach Steyr, Hans rät ihr zuletzt: „Weglaufen musst du ihnen, hörst du!“ (99) Die Fürsorgerin Grimm steigt später zu. Im Steyrer Bahnhof verabschiedet sich Josefa von Sidonie im Abteil des Zuges, der nach Linz fährt. Es ist sehr schmerzlich für beide. Sidonie fährt mit der Fürsorgerin Grimm weiter nach Hopfgarten, dem Zielbahnhof der Reise.

Der schmerzliche Abschied von Sidonie

Kapitel 9 (S. 103–111)

Sidonie bleibt zusammen mit ihrer leiblichen Familie nur eine Nacht in Hopfgarten, bevor sie nach Auschwitz deportiert wird.

Die Marktgemeinde Hopfgarten in Tirol hat sich durch die neuen Machthaber, den Krieg und die vielen Fremden sehr verändert. Seit Herbst 1939 müssen „Zigeuner" dort, wo sie sich gerade aufhalten, ansässig gemacht werden, deshalb wurden den Sippen Berger und Adlersburg zunächst Gasthausunterkünfte, später dann Baracken außerhalb des Ortes zugewiesen. Fürsorgerin Grimm liefert Sidonie im Hopfgartener Gemeindeamt ab. Sidonie fürchtet sich vor der ihr fremden Mutter. Deren Schwägerin führt das Kind zu den Baracken. Am nächsten Tag fährt Cäcilia Grimm zurück. Stunden später werden die Sippen aus den Baracken geholt und mit Lastwagen abtransportiert. Einige Tage danach erzählt ein Bekannter Hans Breirather, er habe auf der Rückkehr von der Front Sidonie in einem Eisenbahnwaggon auf dem Linzer Bahnhof gesehen.

Nachricht vom Abtransport Sidonies durch einen Bekannten

Kapitel 10 (S. 112–120)

Nach Kriegsende bemüht sich Hans umsonst um ein Denkmal für Sidonie; im Dorf wird so getan, als hätte es Sidonie nie gegeben.

Am 5. Mai 1945 endet der Krieg in Sierning. Im Zuge der Entnazifizierung wird Hans zum Bürgermeister gewählt. Obwohl er beliebt und kompetent ist und ihm eine glänzende politische Karriere versprochen wird, bleibt er der kommunistischen Partei treu und nimmt dafür berufliche Nachteile in Kauf.

Offizielle Nachricht vom Tod Sidonies zwei Jahre nach Kriegsende

Sofort nach Kriegsende kontaktiert er den Hopfgartener Bürgermeister und erfährt von diesem, dass Sidonie mit dem letzten Zug nach Ausschwitz gebracht wurde. 1947 erhalten die Breirathers vom Wiener Polizeikommissariat die Benachrichtigung, Sidonie sei im Lager an Flecktyphus gestorben. Hans gibt sich damit nicht zufrieden und forscht weiter. Gegen den Widerstand im Gemeinderat setzt er sich für eine Gedenktafel für Sidonie ein, vergebens. Josefa und Hans bleiben allein in ihrem Schmerz, die Dorfmitglieder tun so, als hätte es das Mädchen nicht gegeben. Auch Cäcilia Grimm ist sich keiner Schuld bewusst. Nach dem Tod seines Vaters bemüht sich Manfred, das Schweigen um seine Stiefschwester zu brechen, auch er hat keinen Erfolg. Erst den Bemühungen des Chronisten Hackl ist es zu verdanken, dass eine Steintafel im Gedenken an Sidonie am Heim der Sozialistischen Jugend in Sierning angebracht wird.

Kapitel 11 (S. 121–128)

Sidonies Bruder Joschi berichtet dem Erzähler von ihrem Tod durch Kränkung; sie hätte gerettet werden können, wie eine Parallelgeschichte aufzeigt.

Im November 1988 trifft der Chronist Joschi Adlersburg, ein Bruder Sidonies. Er erzählt ihm, dass Sidonie nicht an Typhus, sondern an „Kränkung“ (121) gestorben sei. Sie habe im Lager infolge der Traumatisierung auf Schlaf und Essen verzichtet und sei eines Morgens tot im Bett aufgefunden worden.

Zum Schluss weist der Erzähler darauf hin, dass bei einem ähnlichen Fall in einem 160 Kilometer entfernten Ort ein Romakind durch den Einsatz der Gemeinde gerettet werden konnte.

„kein Buch muss an ihr Schicksal erinnern, weil zur rechten Zeit Menschen ihrer gedachten“ (128)

3.3 Aufbau

ZUSAMMENFASSUNG

Erich Hackl verknüpft in seiner Erzählung historische Ereignisse mit geschichtlich belegbaren Einzelschicksalen und subjektiven Reflexionen zur Zeitgeschichte, wobei sich der Aufbau der Erzählung an historischen Ereignissen orientiert. Sidonies Geschichte beginnt 1933 und endet mit ihrem Tod 1943 in Auschwitz. Die Chronik von Sidonie Adlersburgs Biografie wird so auch zur Chronik der oberösterreichischen Gemeinden Letten, Sierning und Steyr zur Zeit des Nationalsozialismus.

Chronologie der Zeitgeschichte und Sidonies Lebensweg

DATUM	ZEITGESCHICHTE: VÖLKERMORD AN SINTI UND ROMA[18]	LEBENSWEG SIDONIES UND DER BREIRATHERS[19]
1931	„Sicherheitsdienst des Reichsführers SS" in München untersucht „außereuropäische Fremdrassen"	
1933	laut SS-„Rasse- und Siedlungsamt" Berlin sollen „Zigeuner(-mischlinge)" sterilisiert werden	3. 5.–6. 9.: Hans Breirather in U-Haft; 1. 6.: Geburt Sidonies; 18. 8.: Sidonie wird vor dem Steyrer Krankenhaus zurückgelassen; ab Dez.: als Pflegekind bei Breirathers

18 vgl. dazu *Chronologie des Völkermords*: http://www.sinti-roma-bayern.de/www.sinti-roma-bayern.de/Chronologie-des-Voelkermords_index7.htm (Stand Mai 2015)

19 vgl. dazu Hackl (2000): *Arbeitszeittafel des Autors*, S. 235–252

DATUM	ZEITGESCHICHTE: VÖLKERMORD AN SINTI UND ROMA	LEBENSWEG SIDONIES UND DER BREIRATHERS
1935	Nürnberger Rassengesetze; Verbot der Heirat von Sinti mit Nicht-Sinti	vorzeitige Haftentlassung Hans Breirathers nach 12 Monaten
1936	Gründung des „Rassehygieneinstituts", Leitung: Dr. Robert Ritter	
1937	„Rassensondersteuer" und Berufsverbot für selbstständige und verbeamtete Juden, Sinti und Roma	
1938	Deportation der Juden und „Zigeuner" durch Adolf Eichmann	
1939	Vorbereitung der Deportation von 20.000 „Zigeunern" nach Polen	Sept.: Einschulung Sidonies
1941	weitere KZ-Deportationen auf Grundlage von „Rassegutachten" des „Rassehygieneinstituts"	
1942	16. 12.: Deportation von 22.000 europäischen Sinti und Roma ins „Zigeunerlager" des KZ Auschwitz-Birkenau auf Himmlers Befehl	24. 5.: Firmung Sidonies; 11. 12.: Sidonies Mutter in Hopfgarten zwangsaufenthaltsverpflichtet
1943	Mai: SS-Lagerarzt Dr. Josef Mengele befiehlt Vergasung mehrerer hundert Sinti und Roma und führt grausame Experimente an Romazwillingen durch	30. 3.: Sidonie kommt nach Hopfgarten zur leiblichen Mutter; 31. 3.: Deportation der Familie nach Auschwitz; April: Tod Sidonies

DATUM	ZEITGESCHICHTE: VÖLKERMORD AN SINTI UND ROMA	LEBENSWEG SIDONIES UND DER BREIRATHERS
1944	2. 8.: Auflösung des „Zigeunerlagers" in Auschwitz-Birkenau und Überstellung in andere KZs bzw. Tötung von 3.000 Sinti und Roma	
1945	rund 500.000 europäische Sinti und Roma wurden von den Nazis ermordet	5. 5.: Sierning von US-Truppen besetzt; nach Selbstmord des Bürgermeisters ist Hans Breirather vom 5. 5. 1945 bis 12. 2. 1946 Bürgermeister

Das erste Kapitel

Die Erzählung beginnt mit einer sachlich gehaltenen Information:

> „Am achtzehnten August 1933 entdeckte der Pförtner des Krankenhauses von Steyr ein schlafendes Kind. Neben dem Säugling, der in Lumpen gewickelt war, lag ein Stück Papier, auf dem mit ungelenker Schrift geschrieben stand: ‚Ich heiße Sidonie Adlersburg und bin geboren auf der Straße nach Altheim. Bitte um Eltern.'" (7)

Auf der folgenden Seite acht schließlich wird ein Gewitter beschrieben, das metaphorisch für eine langersehnte, aber nur kurze Reinigung der Stadt Steyr vor dem drohenden Sittenzerfall durch die NS-Herrschaft stehen kann.

Herbert Domanski weist darauf hin, dass die „seltsam ergreifende Fremdheit" (8) Sidonie später zum Verhängnis werden wird.[20]

---

20 vgl. Domanski (1999), S. 29

Wie viele Kinder in Steyr ist die rachitische Sidonie von der mangelhaften Ernährungssituation und den schlechten wirtschaftlichen Verhältnissen unmittelbar betroffen. Hackl beschreibt im **ersten Kapitel** bereits sehr eindringlich die Auswirkungen der Armut auf die Stadt und insbesondere die Familie Breirather und vermittelt so die Lokalgeschichte (vgl. 12). Bei der Chronik durchdringen sich immer wieder Vergangenheit und Gegenwart und es wird anhand von Einzelschicksalen vor Augen geführt, wie unterschiedlich Menschen unter ähnlichen sozialen Umständen sich verhalten – die Bandbreite der Verhaltensweisen reicht von moralischer Integrität (Hans, Josefa) über Opportunismus (Jugendamtsleiterin Korn, Fürsorgerin Grimm, Gendarm Lindner) bis hin zum Abgleiten in die Kriminalität (Anna Moshammer tötet 1933 ihren gewalttätigen Geliebten Karl Pröll).

Lokalgeschichte

Sidonies Ausgrenzung

Mit der behördlichen Registrierung beginnt Sidonies Ausgrenzung: Aufgrund der wirtschaftlich desolaten Lage sucht die Gemeinde Steyr schnell Pflegeeltern für das Kind, um nicht weiter für die Pflegekosten aufkommen zu müssen. Doch die erste Pflegemutter Amalia Derflinger bringt das Kind bald wieder zurück, weil „ihr Mann sie samt dem schwarzen Bankert aus dem Haus gejagt habe" (14). Angst vor dem Fremden, stereotypisierte Charakterzuschreibungen und rassistische Vorurteile führen letztendlich zu Sidonies Tod. Das Arbeiterehepaar Breirather ist mit seiner mitfühlenden Menschlichkeit eine Ausnahme:

Stereotypes Denken und Handeln

> „Ein paar Nachbarn, sie spürte es, stießen sich an Sidonies Gegenwart. Das schwarze Luder muss weg. Wäre sie wenigstens verstockt gewesen, unfreundlich, nachtragend! Aber ihre Hilfsbereitschaft, die Freundlichkeit, mit der sie diese Nachbarn

> grüßte, der Eifer, mit dem sie bei den Altstoffsammlungen für das Winter-Hilfswerk den Leiterwagen zog, erhöhten den Hass. Ein liebenswerter Untermensch, das fehlte noch." (75)

„Ein liebenswerter Untermensch, das fehlte noch."

So wird nach und nach das ganze Dorf von der NS-Ideologie erfasst: „Aus dem roten Letten war das braune Letten geworden." (59)

Verbindung der Familiengeschichte mit der Geschichte Österreichs

Insbesondere die **Kapitel zwei bis vier** illustrieren durch biografische Stationen der Familie Breirather die Geschichte Österreichs vom Ende der Habsburg-Monarchie über die Räterepublik bis hin zum Zweiten Weltkrieg und darüber hinaus die Nachkriegszeit in Österreich.

Bei der Darstellung von Hans Breirathers Lebensweg geht der Erzähler im **zweiten Kapitel** zurück bis in die Zeit des Ersten Weltkriegs: „Dann die Front, Isonzo, Tonale, das Sterben ringsum, für unbekannt, Hunger, der Tod in den Gedärmen, und immer wieder der Hunger." (18)

Analog zu Sidonies Lebensgeschichte wird der „Anschluss" Österreichs an das „Großdeutsche Reich" 1938 und der Zusammenbruch der Alpenrepublik geschildert:

> „Während Hans und Josefa vor dem Radio saßen und weinten, stand [Manfred] im Spalier an der Landstraße und sah sich die Vorbeifahrt der Siebten Division der Deutschen Wehrmacht an. […] Und abends, als sich das ganze Ausmaß des Unglücks abschätzen ließ, umarmte [Hans] Josefa, die Einzige, die ihm

> jetzt Halt geben konnte: Die Sidi, ich hab solche Angst um sie.“ (57)

„Die Sidi, ich hab solche Angst um sie.“

Jeder Widerstand gegen dieses Terrorregime scheint nahezu unmöglich: „Der Widerstand, eine Brücke ohne Ufer. Lähmender Schrecken, wenn sie der Größe ihres Risikos gewahr wurden.“ (61)

„Der Widerstand, eine Brücke ohne Ufer.“

Im **sechsten Kapitel** wird Sidonies sukzessive Ausgrenzung in der Schule deutlich, die nicht zuletzt mit der pädagogischen Überforderung und den rassistischen Vorurteilen der Lehrerin Schönauer zusammenhängt.

> „Sie müssen mehr üben mit ihr, sagte die Lehrerin, das mache ich ja, erwiderte Josefa, und Sidi bemüht sich auch, ich muss sie nicht zu den Aufgaben treiben. Frau Schönauer fasste die Antwort als Vorwurf auf, ich kann mich nicht immer nur um das Kind kümmern, sagte sie, es sei nicht ihre Schuld, wenn es nicht Schritt halten könne. Vielleicht Veranlagung, meinte sie nach kurzem Zögern.“ (71)

Die hier anklingenden Vorurteile fußen in der nationalsozialistischen Rassenideologie, nach der „Zigeuner“ als „Untermenschen“ bestimmte negative Charaktereigenschaften („unsauber“, „faul“, „ungebildet“, „triebhaft“, „schamlos“, „verlogen“ etc.) aufweisen, die sie der geplanten Vernichtung anheimstellen.

Der Brief und seine Folgen

Das amtliche Schreiben vom 9. März 1943, in dem der Familie Breirather mitgeteilt wird, dass Sidonies leibliche Mutter ausfindig gemacht worden sei und das Mädchen aus ihrer Pflegefamilie herausgenommen und zu ihr gebracht werden solle, markiert im **siebten Kapitel** einen Wendepunkt und stürzt die ganze Familie Breirather

Wendepunkt im 7. Kapitel

in tiefe Verzweiflung. Sidonie ist zunächst zwischen banger Vorfreude und Angst hin- und hergerissen. „Aufgescheucht lief Sidonie zwischen Küche und Schlafzimmer hin und her. Einmal krallte sie sich in heißer Trennungsangst an Josefa, dann wieder prahlte sie vor Hilde mit einem abenteuerlichen Leben, das sie an der Seite ihrer neuen Mutter führen würde“ (95). Ihr weiteres Schicksal bzw. „ob die Rücküberstellung des Kindes an dessen Mutter am Platze“ sei (91), hängt nun vom Urteil der Amtspersonen in ihrem Umfeld ab, dem Bürgermeister, den Jugendamtsmitarbeiterinnen, ihren Lehrern. Diese stimmen in vorauseilendem Gehorsam relativ schnell darin überein:

> „Ein Kind gehört zu seiner Mutter, […] das ist immer besser, und außerdem: wer weiß, was die Zukunft bringt. Heiraten darf es nicht, kriegt es Kinder, fallen die nur der Gemeinde oder der Fürsorge zur Last, und eine Zigeunerin bleibt immer eine Zigeunerin, da kann man machen, was man will. Bei ihrer Mutter, da ist sie unter ihren Artgenossen, merkt keine Unterschiede und lebt sich schnell ein. Und was das Angebot des Pflegevaters betrifft, sie umsonst zu behalten: er könnte ja verunglücken, was dann?“ (93)

„Bestialität des Anstands“

In dieser „Bestialität des Anstands“ (93) schimmern eindeutig die „rassenhygienischen“ Vorstellungen der NS-Ideologie durch.

Der Abschied und die „Wut“ des Chronisten

Als die Familie Breirather sich auf den Abschied von Sidonie vorbereitet, der, wie zu erwarten ist, für ihr Pflegekind mit dem Tod endet, meldet sich der bisher zumeist neutrale Erzähler (eine Mischform zwischen recherchierender Journalist und erfindender Erzähler) zu Wort:

„Das ist die Stelle, an der sich der Chronist nicht länger hinter Fakten und Mutmaßungen verbergen kann. An der er seine ohnmächtige Wut hinausschreien möchte. Sidonies Ahnungslosigkeit. Ihre plötzliche Furcht. Wie sie sich halb umdreht und an Josefa klammert. Deren Tränen. Sidonies Tränen, Josefas hilfloser Versuch, das Mädchen zu trösten. Du musst tapfer sein, Sidi. Ich will nicht zu dieser Frau fahren. Du musst. Ich will bei dir bleiben. Das geht nicht. Du musst mitfahren. Ich kann nicht. Ich komm zurück. Wir vergessen dich nicht. Grüß alle schön von mir. Wein nicht. Ich wein ja gar nicht. Es wird alles gut." (100 f.)

Mit neutraler Erzählweise wird hier gebrochen

Ab dieser Schlüsselszene gibt der Erzähler seinen neutralen Erzählstandpunkt auf und ergreift Partei für Sidonie, indem er emotional eindringlich verdeutlicht, dass Sidonies Schicksal nicht so unabwendbar war, wie es scheint und sie – durch den engagierten, beherzten Einsatz der verantwortlichen Amtspersonen – hätte gerettet werden können.

Schlüsselszene

Zu Beginn des **zehnten Kapitels** findet der Naziterror, der zu Beginn des **fünften Kapitels** Einzug gehalten hat in die Gemeinde Sierning, ein Ende. Anfang Mai 1945 erschießt der Sierninger Bürgermeister seine Frau und begeht dann Selbstmord, ähnlich wie Hitler und seine Gefolgsleute einige Tage zuvor in Berlin. Hans Breirather bleibt seiner politischen Überzeugung treu, was ihm letztendlich eine politische Karriere verbaut. Beharrlich erkundigt er sich nach Sidonie und erfährt vom Hopfgartener Bürgermeister von ihrer Deportation mit dem letzten Transport nach Auschwitz.

Nach dem Krieg

Über die Deportation und Sidonies Tod informiert knapp das **letzte Kapitel**. Der Erzähler trifft sich dazu Ende 1988 mit Joschi Adlersburg, einem der wenigen Überlebenden, der von seiner Begegnung mit seiner Schwester Sidonie berichtet.

„Hier endet die Geschichte, hier fängt sie wieder an." (123), heißt es dann, und es folgt eine Kurzzusammenfassung von Sidonies Geschichte, die jeweils eingeleitet wird mit einer Vorstellung, einer Annahme, einer Vermutung, und die in scheinbar unabwendbarer Folgerichtigkeit, quasi alternativlos, abläuft: „Was ist zu erwarten. Feigheit, Anschwärzen, vorauseilender Gehorsam." (126) Doch auf der letzten Seite macht der Chronist unmissverständlich deutlich, dass Sidonies Schicksal nicht „alternativlos" war, dass „das nicht zu Erwartende" (128), das „Wunder (nennen wir es so)" (128) sich tatsächlich zugetragen hat, „160 Kilometer weiter südlich, [...] in einer Ortschaft namens Pölfing-Brunn, das Kind heißt nicht Sidonie, sondern Margit und lebt heute noch, eine Frau von 55 Jahren, und kein Buch muss an ihr Schicksal erinnern, weil zur rechten Zeit Menschen ihrer gedachten" (128).

Möglichkeit eines positiven Ausgangs

Übersicht über die Familiengeschichte und die Geschichte Österreichs

SIDONIE	FAMILIE	GESELLSCHAFT/POLITIK
Die Einführung in die Erzählung (S. 7–31)		
Kapitel 1		
Sidonie vor Steyrer Krankenhaus ausgesetzt; Pflege des rachitischen Kindes im Krankenhaus	Suche nach Pflegeeltern; erste Pflegemutter Amalia Derflinger gibt Kind zurück	Armut, hohe Arbeitslosigkeit in Steyr
Kapitel 2		
Sidonie kommt nach Letten zu Breirathers in Pflege	Hans Breirathers Lebensweg	Betätigung im Republikanischen Schutzbund; Verhaftung; U-Haft

SIDONIE	FAMILIE	GESELLSCHAFT/POLITIK
Sidonie ist krank; sie überlebt	Arzt verweigert Behandlung; Behandlung durch Heilerin	
„Sierning wird braun" (S. 32–79)		
Kapitel 3		
	Hans will Haftstrafe antreten	Arbeiterunruhen in Steyr werden niedergeschlagen; Hans und seine Genossen verstecken Waffen
	Wohnungsdurchsuchung; Josefa verbrennt Liste mit versteckten Waffen	Angriff der rechten Heimwehr
	Hans im Steyrer Gefängnis; Josefa und die Kinder leiden Not ; Kirche drängt die Breirathers zur Heirat	Verfolgung von Kommunisten und Sozialdemokraten
Kapitel 4		
Sidonie weitgehend integriert in Dorfgemeinschaft, fühlt sich wohl in ihrer Familie	Aufnahme eines weiteren Pflegekindes, Hilde; Hans wird vorzeitig aus Haft entlassen	Lettener Arbeiter wenden sich von den Sozialdemokraten ab zur noch illegalen NSDAP; Suche des steyrischen Magistrats nach Sidonies leiblichen Eltern
Kapitel 5		
	Manfred beobachtet Einmarsch der deutschen Wehrmacht	„Anschluss" Österreichs; hinter Breirathers Haus wird ein Lager für polnische Zwangsarbeiter errichtet; Letten wird „braun"
	Hans muss nicht an die Front	Kriegsbeginn; Sudetendeutsche ziehen ein

SIDONIE	FAMILIE	GESELLSCHAFT/POLITIK
	Hans im Widerstand aktiv; Hans in Gefahr; Denunziation Josefas	Steyrer Widerstandszelle fliegt auf; Hinrichtung eines polnischen Zwangsarbeiters wegen seiner Affäre mit einer Deutschen, die ins KZ kommt
Kapitel 6		
Sidonie ist schwache Schülerin, ihre freundliche Art stößt vermehrt auf Ablehnung; Hinteregger fährt mit ihr zur Firmung nach Linz	Breirathers beunruhigt	Die „Zigeuner" bleiben aus; rassistische Lehrerin
Die „Bestialität des Anstands" (S. 80–94)		
Kapitel 7		
Behörden finden Sidonies leibliche Mutter	Sidonie soll zu ihrer Mutter; Breirathers verzweifelt; Jugendamt und Bauer lehnen Hilfe ab	Vorauseilender Gehorsam, Angst vor den Nazis
Der Abschied (S. 95–111)		
Kapitel 8		
Sidonie wechselnde Gefühle beim Abschied	Manfreds Abschiedsfoto; Hans rät ihr wegzulaufen; Josefas Zugfahrt mit Sidonie nach Steyr	„Zigeuner" dürfen sich nur sechs Kilometer von Hopfgarten wegbewegen
Kapitel 9		
Übergabe der verzweifelten Sidonie an ihre Sippe; Weitertransport nach Auschwitz-Birkenau	Bekannter erzählt Hans, dass Sidonie nach Auschwitz gebracht wurde	Verbrechen und Verhaftungen in Hopfgarten; Fremdarbeiter

SIDONIE	FAMILIE	GESELLSCHAFT/POLITIK
Die Nachkriegszeit (S. 112–120)		
Kapitel 10		
	Hans wird vorübergehend Bürgermeister; Sidonies Deportation nach Auschwitz mit dem letzten Transport wird offiziell bestätigt	Ende der NS-Herrschaft
	Hans fordert Gedenktafel für Sidonie	Öffentliches Schweigen in Gemeinde zum Schicksal Sidonies; keine Reue/ Scham der NS-Mitläufer in Gemeinde
	Tod Hans Breirathers am 20. 5. 1980, Josefa Breirathers 1989; Manfreds Nachforschungen bleiben ergebnislos	Sidonie wird nicht im Sierninger Heimatbuch erwähnt
Sidonies Ende – unvermeidlich? (S. 121–128)		
Kapitel 11		
Joschi Adlersburgs Erinnerungen: Sidonie starb in Auschwitz-Birkenau nach Schlaf- und Nahrungsverweigerung	Chronist imaginiert alternativen Verlauf von Sidonies Schicksal ihre „Rettung"	Joschi erzählt von Rettung des „Zigeunermädchens" Margit in einer anderen österreichischen Gemeinde

3.4 Personenkonstellation und Charakteristiken

ZUSAMMENFASSUNG

Josefa Breirather:
- → Sidonies Pflegemutter
- → temperamentvoll, herzlich, moralisch vorbildlich
- → kann Trennung von Sidonie nicht überwinden

Hans Breirather:
- → Sidonies Pflegevater
- → engagierter, mutiger Sozialdemokrat
- → liebt Sidonie und seine Familie
- → setzt sich vergebens für eine Gedenktafel an Sidonie in der Gemeinde ein

Sidonie Adlersburg:
- → von ihrer Mutter, einer armen Roma, mit zwei Monaten vor dem Steyrer Krankenhaus ausgesetzt
- → erfährt in der Pflegefamilie Breirather ein liebevolles Zuhause
- → freundlich, hilfsbereit, schlechte Schülerin
- → stirbt zehnjährig in Auschwitz, traumatisiert durch die Trennung von ihrer Pflegefamilie

NS-Mitläuferinnen Korn und Grimm:
- → als Jugendamtsmitarbeiterinnen mitschuldig an Sidonies Tod
- → handeln nicht aus persönlicher Ablehnung oder ideologischer Überzeugung heraus, sondern in blindem Gehorsam gegenüber dem NS-Regime

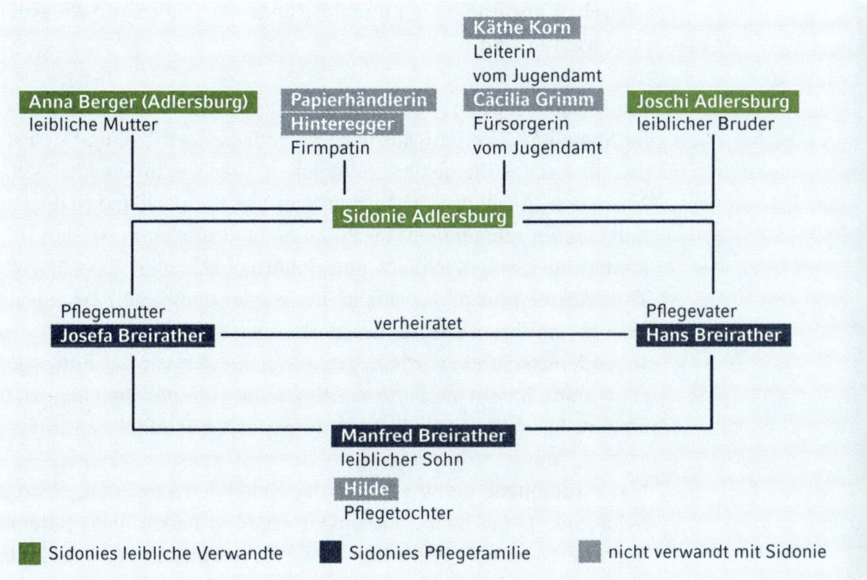

Josefa Breirather

Josefa Breirather, geborene Degenfellner, ist eine intelligente, temperamentvolle und herzliche Frau und kommt aus einfachen Verhältnissen. Ihre Zivilcourage und Humanität sind vorbildhaft und sie ist unbestechlich in ihrem moralischen Urteil. An ihrem Mann Hans schätzt sie seine Geduld und seinen freundlichen, sanften Charakter. 1926 wird ihr einziges Kind Manfred geboren, im Juni 1928 heiratet sie Hans standesamtlich. Weil Josefa keine weiteren Kinder bekommen kann und um etwas zur Haushaltskasse beizusteuern, bewirbt sie sich beim Jugendamt als Pflegemutter. Sie nimmt Sidonie zu sich, weil sie im Gegensatz zu vielen anderen keine ras-

Zivilcourage und Humanität

sistischen Vorurteile hegt und ihr Hilfsbereitschaft und Solidarität sehr wichtig sind.

Die sozialistische Grundüberzeugung ihres Mannes teilt sie. Bevor ihr Mann im März 1935 aus der Haft entlassen wird, nimmt sie Hilde, ein zweites Pflegekind im gleichen Alter wie Sidonie, zu sich. Nach dem „Anschluss" Österreichs an Nazi-Deutschland ist die Familie, deren Engagement im Widerstand dorfbekannt ist, den Diffamierungen von Nachbarn und Behörden schutzlos ausgeliefert. Trotz des Verbots gibt Josefa immer wieder polnischen Zwangsarbeitern von ihrem kargen Essen ab. Als sie am 9. März 1943 das Jugendamtsschreiben erhält, erniedrigt sie sich vor der Fürsorgerin Grimm, indem sie diese auf Knien um Hilfe für ihr Pflegekind anfleht. Josefa begleitet Sidonie zum Steyrer Bahnhof.

Trennung von Sidonie nie überwunden

Lange hoffen sie und ihr Mann, das Kind wiederzusehen, obwohl beide bereits ein paar Tage später erfahren haben, dass Sidonie deportiert wurde.[21] Erst Mitte Mai 1947 erfährt sie, dass Sidonie in Auschwitz angeblich an Flecktyphus gestorben sei. Bis an ihr Lebensende kann Josefa nicht verwinden, dass sie Sidonie nicht retten konnte (Hackl zitiert hier wörtlich aus einem Gespräch mit ihr: „So ein Herzweh ist das. Auch heute noch.", 120)[22] und sich die Dorfbewohner so verhalten, als hätte es Sidonie nie gegeben. Die Trennung von ihrem Pflegekind hat sie nie überwunden.

---

21 vgl. das Gespräch Hackls mit Josefa Breirather in: Hackl (2000), S. 207–228, hier S. 224: „Ich bin dann heraufgekommen in die Wohnung, und [Georg Fink] hat [zu Hans Breirather] gesagt, aber erzähl nicht alles deiner Frau. Mein Mann hat es mir trotzdem gesagt. Haben uns zusammengesetzt und bei der Hand gehalten und uns alles erzählt."

22 vgl. Hackl (2000), S. 228

Hans Breirather

Hans Breirather wird als jüngstes von sechs Kindern in einer Landarbeiterfamilie geboren. Nach dem Tod seiner Frau heiratet sein Vater eine Witwe mit vier eigenen Kindern. Hans' Kindheit ist durch Armut geprägt. Ein Lehrer vermittelt ihm „Selbstachtung und Stolz" (17), die für sein weiteres Leben prägend sein werden. Mit zehn Jahren wird er Stallbursche, mit 17 zieht er in den Ersten Weltkrieg an die italienische Front. Dort erfährt er Solidarität von Sozialisten und Anarchisten und ist von deren Vorstellung von sozialer Gerechtigkeit beeindruckt. Weihnachten 1919 kehrt er nach Sierning zurück, wo er fünf Jahre lang keine Arbeit findet. Er tritt aus der Kirche aus und der sozialdemokratischen Arbeiterpartei bei.

1927 wird er Ortsleiter des Republikanischen Schutzbundes. Ein Jahr später heiratet er Josefa standesamtlich und zieht mit ihr in eine Sierninger Wohnung. Inzwischen hat er eine Anstellung als Rundschleifer gefunden. Nach dem Verbot des Schutzbundes und der Errichtung einer Diktatur in Österreich im März 1933 wird er wegen illegalen Waffenbesitzes inhaftiert, dann aber bis zur Urteilsverkündung freigelassen. Wieder daheim, findet er Sidonie als neues Familienmitglied vor und ist sofort einverstanden, das Kind (notfalls auch ohne finanzielle Unterstützung des Jugendamts) zu behalten. Nach Niederschlagung des Aufstands am 12. Februar 1934 verurteilt man ihn zu 18 Monaten Gefängnis. In Haft zwingt man ihn zu einer kirchlichen Heirat. Als er im März 1935 vorzeitig entlassen wird, hat Josefa ein weiteres Pflegekind, Hilde, aufgenommen. Hans findet wieder Arbeit in den Steyr-Werken.

Politisch engagierter, gerechter Mensch

Akzeptiert Sidonie sofort

Politisch ist er zunehmend isoliert im einst „roten Letten" (59), viele Arbeitskollegen schließen sich den (noch) illegalen Nationalsozialisten an. Gemeinsam mit Petrak, einem enttäuschten Kommunisten, unterstützt er Angehörige von Naziopfern und nimmt Kontakt

Engagiert sich im Widerstand

zum Wiener Widerstand auf. Nur knapp entgeht er dabei einer weiteren Verhaftung. Den „Anschluss" ans Deutsche Reich beobachtet er mit Sorge und befürchtet das Schlimmste für sein Ziehkind Sidonie: „Die Sidi, ich hab solche Angst um sie." (57) Erfolglos setzt er sich bei der Jugendamtsleiterin Korn für ihren Verbleib in der Familie ein, bietet sogar an, sie sterilisieren zu lassen. Beim Abschied von dem Mädchen kann er seinen Schmerz kaum verbergen und rät ihr verzweifelt wegzulaufen.

Bleibt sich selbst treu

Als Kriegs- und Nazigegner wird er kurz nach Kriegsende im Mai 1945 als einer der wenigen Unbelasteten zum Bürgermeister von Sierning gewählt und bleibt dies über mehrere Amtsperioden. Aus der SPÖ ist er ausgetreten aus Enttäuschung über das zögerliche Verhalten der sozialdemokratischen Führung beim Februaraufstand. Er erfährt, dass Sidonie nach Auschwitz deportiert worden ist. Im Mai 1947 erhalten die Breirathers die amtliche Mitteilung, Sidonie sei dort an Flecktyphus gestorben. Nach seinem Rückzug aus der Politik arbeitet er wieder in den Steyr-Werken, wo er nach der Organisation eines Streiks eine mindere Tätigkeit zugewiesen bekommt.

Vergebliche Bemühungen, Sidonie ein Denkmal zu setzen

Immer wieder macht Hans Breirather sich durch die nimmermüde Erinnerung an das Schicksal seines Ziehkindes in der Gemeinde unbeliebt. Nachdem es ihm nicht gelungen ist, die Aufstellung eines neuen Kriegerdenkmals zu verhindern, schweigt er verbittert und resigniert. Er stirbt am 20. Mai 1980 und wird auf dem Steyrer Urnenhain bestattet.

Sidonie Adlersburg

Am 18. August 1933 wird Sidonie Adlersburg im Alter von zwei Monaten vor dem Steyrer Krankenhaus ausgesetzt. Das Baby weist aufgrund von Kalzium- und Vitamin-D-Mangel rachitische Merkmale auf: Die Beine krümmen sich nach außen und die Gelenke an Armen und Beinen sind verdickt. Sidonies Mutter Anna Adlersburg ist eine mittellose Romafrau. Von der dunklen Haut, dem schwarzen Haar und dem Lachen des Säuglings sind viele angetan, zugleich ist Sidonie jedoch von Anfang an rassistischen Vorurteilen ausgesetzt. Von ihrer ersten Pflegemutter, Amalia Derflinger, wird sie deswegen wieder zurückgebracht. Kurz darauf nimmt sie die Familie Breirather liebevoll auf.

Schwächlicher Säugling durch Mangelerscheinungen

Im Dorf ist Sidonie aufgrund ihres freundlichen, uneigennützigen Wesens schnell beliebt. Sie wächst zu einem freundlichen, offenen und hilfsbereiten Mädchen heran. Die ihr zuweilen entgegengebrachte Ablehnung wegen ihrer Hautfarbe, die der Erzähler bereits auf der zweiten Seite der Erzählung bei der Beschreibung des zweimonatigen Findelkindes als „seltsam ergreifende Fremdheit“ (8) andeutet, registriert sie zunächst gar nicht wirklich.

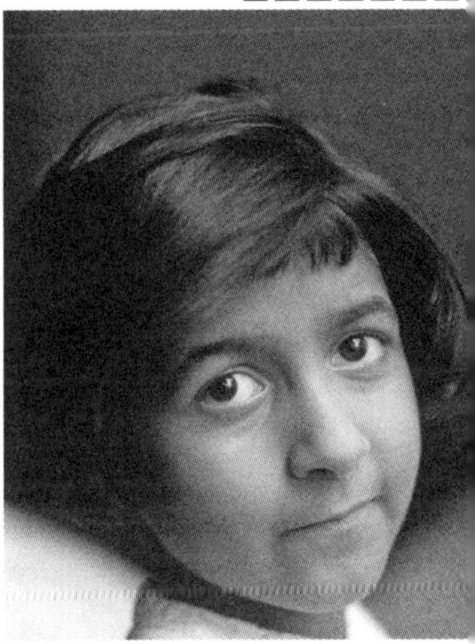

Arghavan Sadeghi-Seragi als Sidonie im gleichnamigen Film von 1990 © ullstein bild – United Archives

> „Ein paar Nachbarn, [Josefa] spürte es, stießen sich an Sidonies Gegenwart. Das schwarze Luder muss weg. Wäre sie wenigstens verstockt gewesen, unfreundlich, nachtragend! Aber ihre Hilfsbereitschaft, die Freundlichkeit, mit der sie diese Nachbarn grüßte, der Eifer, mit dem sie bei den Altstoffsammlungen für das Winter-Hilfswerk den Leiterwagen zog, erhöhten den Hass. Ein liebenswerter Untermensch, das fehlte noch.“ (75)

Eifrige Schülerin mit Lernschwächen

1939 wird sie zusammen mit Hilde, dem zweiten Ziehkind der Breirathers und vier Monate älter als Sidonie, eingeschult. Sidonie ist keine gute Schülerin und freut sich, als sie erfährt, dass sie sitzenbleibt und damit noch ein Jahr in die Schule gehen darf. Der schönste Tag ihres kurzen Lebens ist wohl der Pfingstsonntag 1942, an dem ihre Firmpatin, die Sierninger Papierhändlerin Hinteregger, mit ihr einen Kutschenausflug nach Linz macht. Dort kauft Hinteregger Sidonie eine Puppe mit Haaren „so blond wie die Haare der Lehrerin Schönauer“ (78). Diese Puppe – Sinnbild eines für sie unerreichbaren „arischen Schönheitsideals“ – begleitet sie bis nach Auschwitz (vgl. 122).

Vorfreude auf ihre leibliche Mutter wird zu Trennungsangst

Am 9. März 1943 wird der Familie Breirather durch ein Schreiben des Jugendamtes mitgeteilt, dass Sidonie ihrer leiblichen Mutter übergeben werden solle. Das Mädchen realisiert zunächst nicht, dass sie die Breirathers nie wiedersehen wird und in welcher Gefahr sie schwebt. Ängstlich, freudig gespannt und aufgeregt fiebert Sidonie dem Treffen mit ihrer leiblichen Mutter entgegen. Doch je näher der Abschied rückt, desto größer werden ihre Trennungsangst und ihre Panik. Die Überstellung ins Hopfgartener Sammellager wird zu einem schrecklichen Erlebnis, das sie und ihre leibliche Mutter total überfordern. Vollends traumatisiert Sidonie der Aufenthalt in Auschwitz. Dort verweigert sie Essen und Schlafen und stirbt bald darauf völlig entkräftet.

Offizielle Todesmeldung 1947

Mitte Mai 1947 erhält Familie Breirather vom Wiener Polizeikommissariat die offizielle Todesmeldung: Man gibt an, „Sidonie sei im Lager an Flecktyphus gestorben“ (116). Von Sidonies Ende erfährt der Chronist Jahrzehnte später durch Joschi Adlersburg, Sidonies Bruder.

Mitläufer und NS-Opportunisten: Jugendamtsleiterin Käthe Korn, Fürsorgerin Cäcilia Grimm, Lehrerin Schönauer

Die **Fürsorgerinnen Grimm und Korn** werden als penible, um ihre Dienstpflicht besorgte Beamtinnen und typische Mitläuferinnen beschrieben, die „sich keiner Schuld bewusst“ (117) sind. Bis zur Machtübernahme stellten sie den Breirathers und Sidonie „immer nur das beste Zeugnis aus“ (118), danach wollen sie jedoch den neuen Machthabern keinesfalls durch den persönlichen Einsatz für ein „Zigeunerkind“ unangenehm auffallen. Ihre Motive sind also nicht persönlicher Hass oder Rassismus, sondern vorrangig Egoismus, Risikoscheu und Opportunismus. Entgegen ihrem Berufsethos steht bei ihnen keineswegs das Kindeswohl an erster Stelle, Diensteifer und Pflichterfüllung gehen ihnen vor Menschlichkeit. Sie reißen das Kind aus der Pflegefamilie und schicken es wissentlich in eine ungewisse Zukunft. Es kann ihnen nicht nachgewiesen werden, dass sie von der Abschiebung ins KZ wussten. Dem Chronisten gegenüber meint Cäcilia Grimm Jahrzehnte später lapidar: „Was hätte man damals auch anderes machen können.“ (117) Dabei hätten die verantwortlichen Gemeindemitglieder alle zusammen – das stellt der Chronist eindringlich dar – Sidonies Deportation verhindern können, ohne dass dies für sie mit irgendeiner Gefahr verbunden gewesen wäre.

Unreflektiert, blind, gehorsam, egoistisch, pflichtbewusst, risikoscheu

Das Verhalten von Sidonies **Lehrerin Schönauer** offenbart pädagogisches Unvermögen, gepaart mit rassistischen Vorurteilen:

> „Sie müssen mehr üben mit ihr, sagte die Lehrerin, das mache ich ja, erwiderte Josefa, und Sidi bemüht sich auch, ich muss sie nicht zu den Aufgaben treiben. Frau Schönauer fasste die Antwort als Vorwurf auf, ich kann mich nicht immer nur um das Kind kümmern, sagte sie, es sei nicht ihre Schuld, wenn es

> nicht Schritt halten könne. Vielleicht Veranlagung, meinte sie nach kurzem Zögern." (71)

Die Lehrerin Schönauer entspricht mit ihrem blonden Haar (vgl. 78) und ihrer Gesinnung dem Idealbild der „arischen Frau". Schönauer und später auch die verantwortlichen Jugendamtsmitarbeiterinnen und der **Oberinspektor Siegfried Schiffler** verweisen immer wieder auf Sidonies „rassische" Unterlegenheit, wie beispielsweise Eva Justin in ihrer „rassenhygienischen" Dissertation aus dem Jahre 1943 behauptet:

> „Mit zunehmendem Alter, d. h. bei beginnender Entwicklung ihrer rassischen Eigenarten, werden [Zigeunerkinder] unaufrichtig und neigen immer mehr und mehr zur Verstellung und Aufschneiderei. Es fehlt ihnen ein fester innerer Halt, die Kraft und der Wille, etwas Unangenehmes zu ertragen. [...] Je höher die Anforderungen sind, je wesensfremder die soziale Umwelt für sie ist, umso sichtbarer wird sich diese Schwäche, dieser ‚Charakter-Mangel' auswirken."[23]

---

23 Justin (1943), S. 73

3.5 Sachliche und sprachliche Erläuterungen

SEITE	WORT	ERLÄUTERUNG
10	**Englische Krankheit**	Synonym zu Rachitis, eine Störung des Knochenwachstums, Knochenmineralisationsstörung und Desorganisation der Wachstumsfugen bei Kindern aufgrund von Calcium- bzw. Vitamin-D-Mangel
11	**Menageschale**	(österr., veraltet) Gefäß zum Transportieren einer warmen Mahlzeit
13	**Magistrat**	Verwaltungsbehörde, Stadtverwaltung
14	**Bankert**	(abwertend) uneheliches Kind
16	**Überlände**	Grundstück oder Haus, das nicht zum unteilbaren Gut gehört, sondern durch Kauf oder Erbschaft dazukam
25	**Stutzenkarabiner**	Gewehr
27	**Ausgesteuerte**	(österr.) Personen, die keine Zahlungen aus der Arbeitslosen- oder Krankenversicherung mehr bekommen
30	**Blauer Husten**	Keuchhusten
33	**Jännerwoche**	(österr.) Januarwoche
38	**Küchenkredenz**	(veraltet) Küchenanrichte
40	**Kleinhäusler**	(österr.) Kleinbauer
41	**Dollfuß**	Engelbert Dollfuß (1892–1934), österr. Politiker, von 1932–1934 Bundeskanzler, ab 1933 diktatorisch regierend, stand ital. Faschismus nahe, lehnte dt. Nationalsozialismus und demokratischen Rechtsstaat ab; ermordet von österr. Nazis beim Juliputsch
41	**Rote Hilfe**	politische Hilfsorganisation, die inhaftierte Mitglieder des Rotfrontkämpferbundes, Gewerkschaftler, Sozialdemokraten und Kommunisten und deren Angehörige unterstützte

SEITE	WORT	ERLÄUTERUNG
42	**Schroppen**	(ugs., abwertend) Kind/-er
42	**Häfenbruder**	(österr., ugs.) Häftling; jemand, der schon oft im Gefängnis war
45	**Vespermantel**	liturgisches Gewand, Segensmantel der röm.-kath. Kirche
48	**Hahnen-schwänzler**	Angehörige der „austrofaschistischen" bewaffneten paramilitärischen Heimwehr
50	**Putz dich**	(österr. ugs.) Verschwinde! Hau ab!
51	**Rastelbinder**	(österr., veraltet) Kesselflicker (Handwerker, der Löcher in Kochkesseln ausbesserte und kleinere Reparaturen in Haus und Hof ausführte)
51	**Lackerl**	(süddt.) Lache, Pfütze
57	**Haubitze**	Geschütz/Kanone mittleren oder schweren Kalibers mit kurzem Rohr
58	**gemma**	(österr.) Gehen wir!
63	**Mezzanin**	niedriges Zwischengeschoss
64	**Auslassen**	(hier österr.) freilassen, in Ruhe lassen
66	**stellig machen**	(österr.) ausfindig machen, aufspüren
72	**Jause**	(österr.) Vesper, Zwischenmahlzeit
72	**Altan**	balkonartiger Anbau, der vom Boden aus gestützt wird
73	**Katheder**	(Lehrer-)Pult
73	**Kredenz**	(veraltet) Anrichte
73	**u. k.**	(militär.) unabkömmlich; militärrechtliche Kennzeichnung von Personen, die wegen ihrer beruflichen Tätigkeit (Facharbeiter, Bergleute, Landwirte, Ingenieure, Wissenschaftler etc.) vom Wehrdienst freigestellt sind
75	**Winter-Hilfswerk**	NS-Organisation, die Sach- und Geldspenden sammelte, um gegen die Folgen der Arbeitslosigkeit und Armut anzugehen

SEITE	WORT	ERLÄUTERUNG
75	**Untermensch**	nach der rassischen Ideologie der Nationalsozialisten sind alle „Nicht-Arier" „Untermenschen"
75	**Dirndl**	(österr., süddt.) junge Frau
80	**Pelerine**	(ärmelloser) Umhang, Regenmantel
83	**Tuchenten**	(österr.) Tuchent: Federbett
91	**Jetzt haben wir den Scherben auf**	(österr., ugs.) Jetzt hängt es an uns
104	**Beschlaghütte**	Gerätehütte
107	**Dorfkotter**	(österr.) Dorfarrest
110	**geglost**	glosen: schwach glühen, glimmen

3.6 Stil und Sprache

ZUSAMMEN-
FASSUNG

Der Chronist erzählt das exemplarisch dargestellte Schicksal des Romamädchens Sidonie Adlersburg in einem sachlich-distanzierten Ton. Die Erzählung beeindruckt durch ihre sorgfältige Komposition und starke, eindringliche Situationsschilderungen. Gegen Ende gibt der Chronist jedoch seine nüchtern-auktoriale, kommentarlose Erzählhaltung auf und artikuliert seine „ohnmächtige Wut" (100). Sein Schreibstil ist vom amerikanischen New Journalism beeinflusst, der dem Leser durch suggestive Beschreibungen das Gefühl vermittelt, unmittelbar Zeuge der Situation zu sein. So verschwimmen bei Hackl auch in diesem Werk die Grenzen zwischen Journalismus und Literatur.

Die Erzählhaltung des Chronisten

Novellistischer Anfang

Nachdem die Hauptfigur, das Findelkind Sidonie Adlersburg, gleich auf den ersten Seiten der Geschichte in seiner „seltsam ergreifende[n] Fremdheit" (8) ganz im Sinne einer novellistischen „unerhörten Begebenheit" eingeführt wird, führt der Erzähler im Verlauf der weiteren Erzählung an verschiedenen Stellen eindringlich vor Augen, dass Sidonies Schicksal leider alles andere als außergewöhnlich ist, sondern sich tausendfach im Deutschen Reich ähnlich zugetragen hat. Auch für diese Erzählung hat Erich Hackl, wie bereits in Kapitel 3.1 deutlich wurde, **umfangreiche Archivarbeit** geleistet und **dokumentarisches Material** integriert, wobei er die üblichen Techniken realistischen Erzählens, den realistischen Dialog, verwirft. **Sachlich und distanziert** werden die Ereignisse geschildert, „einem raffinierten Umgang mit Rückblenden und Vorausnahmen, ganz der Darstellung der Fakten verpflichtet, diese aber mit poetischer Imagination aufladend."[24] Nur einmal, als Sidonie im Zug zum Hopfgartener „Zigeunerlager" sitzt, kommt der Chronist an eine Stelle, an der er sich „nicht länger hinter Fakten und Mutmaßungen verbergen kann. An der er seine ohnmächtige Wut hinausschreien möchte" (100).

Neutrale Erzählhaltung wird einmal durchbrochen

In einem Interview schildert Hackl, wie er fiktive Stellen gestaltete:

> „Je mehr ich auf die Menschen zugegangen bin, und ich musste auf sie zugehen, und je intensiver ich auch mit ihnen gesprochen habe, umso stärker ist meine Erschütterung geworden. Ich bin gezwungen – dies ist in allen meinen Arbeiten dasselbe – diese Erschütterungen auch literarisch auszudrücken. Ich bin verpflichtet, den Menschen gerecht zu werden, über die ich schreibe."[25]

Sorgfältig komponierte Erzählung

Gleichzeitig begreift Hackl aber auch: „Es war mir klar, dass ich nicht aus eigener Betroffenheit schreiben konnte, deshalb habe ich eine **bestimmte Distanz, Kühle** und bestimmte Erzählstrukturen eingeführt, wie sie sich in der chronikalen Erzählhaltung über Jahrhunderte in der deutschsprachigen Literatur verfolgen lassen."[26]

Distanz und Neutralität des Erzählers

In seiner Laudatio auf Erich Hackl geht Hans-Ulrich Probst auf dessen Erzählweise ein:

---

24 Probst (2002)
25 Fischer/Krapp (2014), S. 22
26 Richter (1996), S.159

> „Erich Hackl erzählt diese erschütternde Begebenheit über, wie er schreibt, die ‚Bestialität des Anstands' äußerst behutsam, fast nüchtern und verhalten, zugleich anschaulich präzis in der Darstellung der Zeitgeschichte und sinnlich konkret in der Evokation des Alltags von Sidonie. [...] Es ist unmöglich, sich dem suggestiven Sog dieses dichten Textes zu entziehen, man liest atemlos und gleichzeitig mit wachsender Trauer und Wut von diesem exemplarischen Einzelschicksal".[27]

Nüchtern, aber genau registrierend

Die sorgfältig komponierte Erzählung, in der jedes Wort treffend gewählt ist, beeindruckt durch starke Bilder und eindringlich geschilderte Situationen. Bis fast zum Schluss agiert der Chronist als nüchterner, genauer Beobachter, bei Sidonies Abschied von ihren erschütterten Pflegeeltern gibt er jedoch diese Haltung auf:

> „Das ist die Stelle, an der sich der Chronist nicht länger hinter Fakten und Mutmaßungen verbergen kann. An der er seine ohnmächtige Wut hinausschreien möchte. Sidonies Ahnungslosigkeit. Ihre plötzliche Furcht. Wie sie sich halb umdreht und an Josefa klammert. Deren Tränen. Sidonies Tränen. Josefas hilfloser Versuch, das Mädchen zu trösten. Du musst tapfer sein, Sidi. Ich will nicht zu dieser Frau fahren. Du musst. Ich will bei dir bleiben. Das geht nicht. Du musst mitfahren. Ich kann nicht. Ich komm zurück. Wir vergessen dich nicht." (100 f.)

„Das Staccato der letzten Sätze nimmt schon das Rollen der Räder vorweg"[28], die Sidonie zu ihrem Todesort bringen, so Probst weiter.

---

27 Probst (2002)
28 ebd.

Hackl selbst begründet seinen von einigen Kritikern als unnötig gerügten Ausbruch aus seiner „ungerührten“ Chronistenposition folgendermaßen:

> „Aber ich durchbrach die auktoriale Erzählsituation weder aus Kleinmut noch aus didaktischem Eifer; es ist nur so, dass es Schläge gibt im Leben, so schwer, dass sie einem Schreibenden verbieten, ungerührt weiterzuschreiben. Sidonies Geschichte ist keine Erfindung, sie hat sich außerhalb der Erzählung zugetragen, also wollte ich die Erzählung auch zerstören, an dieser einen Stelle wenigstens, der entscheidenden.“[29]

Vorbild New Journalism

Hackl beruft sich bei der Gestaltung seiner historischen Stoffe auf eine **eigene Weiterentwicklung des amerikanischen New Journalism**, die für sich in Anspruch nimmt, Objektivismus zu vermeiden und die dem von Kisch postulierten journalistischen Grundsatz folgt: „Der Reporter hat keine Tendenz, hat nichts zu rechtfertigen und keinen Standpunkt. Er hat unbefangen Zeuge zu sein und unbefangene Zeugenschaft zu liefern, so verlässlich, wie sich eine Aussage geben lässt [...]“[30].

Objektivismus und Tendenzlosigkeit

Hackl selbst beschreibt seinen am New Journalism orientierten Stil in dem Vortrag *Kunst handelt von Knöpfen*, wo er den Schweizer Publizisten Marco Meier zitiert:

> „Basis der neuen Erzählweise ist ein konsequentes Rekonstruieren der Ereignisse von erlebter Szene zur nächsten, die ‚Scene-by-Scene-Construction‘. Der Schreiber erzählt also, als wolle er

---

29 Hackl (2000), S. 20 f.
30 Kisch (1985), S. 7

> mit den Lesern Schritt für Schritt noch einmal den realen Ablauf der Ereignisse durchlaufen. [...] ‚New Journalists' wissen, dass nichts den Leser so unmittelbar in eine Story hineinzuziehen vermag wie der realistisch wiedergegebene Dialog. [...] Dem Leser soll das Gefühl vermittelt werden, er erlebe eine Situation aus der Sicht und also auch Gefühlslage einer betroffenen Person. [...] Bis in kleinste, scheinbar unbedeutende Aspekte der Umgebung in welcher sich eine Sache ereignet, schildern ‚New Journalists' Gesten, Kleider, Gewohnheiten, Dekorationen, Essmanieren, Posen, Arten des Gehens usw., um ihre Erzählungen quasi sozial zu orten, symbolisch festzumachen."[31]

Bis er seine **sich selbst auferlegte Zurückhaltung** aufgibt, enthält sich der Erzähler demnach weitgehend einer Kommentierung der Geschehnisse. Durch den **Verzicht auf Emotionen** und die **nüchterne Sprache** gewinnt die Erzählung an Glaubwürdigkeit und Eindringlichkeit.

Hackls Stil: eine Mischung aus journalistisch recherchierter Faktentreue und epischer Schreibweise

> „Was mein starkes Interesse für authentische Stoffe anbelangt, meinen Drang, sie zu recherchieren, und meinen Anspruch, die Ergebnisse der Recherchen nüchtern und doch leidenschaftlich zu verarbeiten, so stehe ich in Österreich in der Tat ziemlich isoliert da. Die heftig deklarierte Trennung zwischen Journalismus und Literatur ist mir unverständlich. Für mich ist bedeutungslos, ob das, was ich mache, Journalismus ist – wie mir gelegentlich vorgeworfen wird – oder Literatur. Für mich gibt es nur ein Kriterium der Unterscheidung: die Qualität. Qualität ist nicht Brillanz.

---

31 Hackl (1990), S. 24

Für mich birgt Qualität auch die ethische Haltung des Autors oder der Autorin, ihren Mut mitzuleiden, aufzuschreien, Glück wie Unrecht zu benennen, aber auch ihre Unbestechlichkeit und Unvoreingenommenheit."[32]

---

32 Holzinger (1991)

3.7 Interpretationsansätze

ZUSAMMEN-FASSUNG

- → Anhand des Einzelschicksals der Sidonie Adlersburg beschreibt Erich Hackl die menschenverachtenden rassenideologischen Vorurteile der Nationalsozialisten und führt eindrücklich vor Augen, dass das Mädchen durch das beherzte Einsetzen der verantwortlichen Personen relativ leicht hätte gerettet werden können. Der moralische Konflikt dieser NS-Mitläufer spielt sich in einer entfremdeten Grauzone ab, die es den Beteiligten leicht macht, sich nicht verantwortlich zu fühlen, weil sie das Elend und Leid der Opfer nicht unmittelbar miterleben müssen.
- → Hackl beschreibt die „Bestialität des Anstands" (93), die sich in „Feigheit, Anschwärzen, vorauseilende(m) Gehorsam" (126) manifestiere.
- → Damit kreist die Erzählung um den auch heute noch aktuellen Themenkomplex „Erinnern und Vergessen" und hält der gegenwärtigen Gesellschaft einen beunruhigenden Spiegel vor, damit Faschismus und Völkermord nicht vergessen und verdrängt werden.

„Die Grauzone"

„Opfer der Zeitumstände"

Die Erzählung *Abschied von Sidonie* illustriert anhand eines verbürgten Einzelschicksals das allgemein herrschende Unrecht im Dritten Reich und die Auslöschung von Menschen aus rassenideologischen Vorurteilen heraus. Dabei ist Sidonie Adlersburg „Opfer der Zeitumstände, aber speziell der Menschen im sozialen Umfeld, die im entscheidenden Augenblick, in der Rettung möglich war, versagten"[33]. Hackl macht in seinem Buch klar, dass Sidonie nicht hätte sterben müssen, wenn die verantwortlichen Menschen nicht eben einer Grauzone angehört hätten:

> „Es ist nicht die Frage von Schuld und Unschuld, von Wissen und Unwissen, sondern es sind immer diese Grauzonen dazwischen. Und **in diesen Grauzonen spielt sich auch der Konflikt ab** und somit auch das Schicksal des Mädchens. Niemand überantwortet das Mädchen direkt dem Tod. Die meisten, fast alle ahnen, was es bedeutet, aber es ist eine Ahnung, die sich für die Beteiligten nicht unmittelbar überprüfen lässt. Indem das Kind wegkommt, hat die Fürsorgerin nichts mehr damit zu schaffen, der Bürgermeister nicht und der Volksschullehrer nicht. Die Leute sehen nicht mehr die Qualen des Konzentrationslagers, [auch] die schlimmen letzten Wochen und Stunden des Mädchens sehen sie nicht mehr. Uns geht es heute ähnlich: wir klagen über die gesellschaftliche Entfremdung, die seither zugenommen hat."[34]

Vage Ahnung statt Gewissen und bewusstes Handeln

„Die Banalität des Bösen"

So bilden die Frage nach der Verantwortung des Menschen im jeweiligen historischen Kontext und der Themenkomplex „Erinnern und Vergessen" wichtige Ansatzpunkte für die Interpretation. Zwischen Zulassen, Sich-Beteiligen, Wegschauen bzw. unterlassener Hilfeleistung **veranschaulicht die Erzählung das gesamte Spektrum menschlicher Verhaltensweisen im Angesicht des NS-Terrors.** Vor allem die Mitläufer werden in Hackls Erzählung, besonders eindringlich in Gestalt von Cäcilia Grimm und Käthe Korn, dargestellt. Deren unbedingte Gesetzestreue und gewissenhafte Akten-

Verantwortung des Menschen

---

33 Richter (1996), S. 37
34 ebd., S. 133

führung geben den beiden Frauen die Gewissheit, sich stets im Recht zu fühlen und auch im Nachhinein jegliche Schuld und Verantwortung von sich schieben zu können. „Korn [...] fragte beim Schuldirektor an, auch schriftlich, damit man ihr nicht am Zeug flicken konnte, *wie sich das Mädchen im allgemeinen aufführt* [...]." (91) Der Chronist kommentiert dies wie folgt:

> „Bestialität des Anstands. *Obwohl sich bisher*, schrieb Korn in ihrer Antwort an die Kriminalpolizeistelle in Innsbruck, *im Wesen der Sidonie Berger (Adlersburg) nichts Zigeunerhaftes gezeigt hat, halte ich es doch für besser, wenn die Minderjährige schon jetzt zur Mutter kommt, denn je größer das Kind wird, desto mehr wird und muss schließlich einmal der Abstand zwischen der Minderjährigen und ihren Altersgenossen zutage treten.*" (93 f.)

Der Eichmann-Prozess

Das ist es, was die Philosophin Hannah Arendt mit ihrem berühmten Diktum von der **„Banalität des Bösen"** in ihrem 1961 erschienenen Buch über den Eichmann-Prozess meint. Arendt erwidert auf das gängige „Was hätte man damals auch anderes machen können" (117)-Argument – in Hackls Erzählung von Cäcilia Grimm vorgebracht –:

> „Dass es im Wesen des totalen Herrschaftsapparates und vielleicht in der Natur jeder Bürokratie liegt, aus Menschen Funktionäre und bloße Räder im Verwaltungsbetrieb zu machen und sie damit zu entmenschlichen, ist von Bedeutung für die Politik- und Sozialwissenschaften, und über die Herrschaft des Niemand, die eigentliche Staatsform der Bürokratie, kann man sich lange und mit Gewinn streiten. Nur muss man sich darüber im Klaren sein, dass die Rechtsprechung diese Faktoren nur insoweit in Betracht ziehen kann, als sie Umstände der Tat sind – genauso wie bei

einem Diebstahl die ökonomischen Verhältnisse des Diebes mit in Rechnung gestellt werden, ohne damit jedoch den Diebstahl zu entschuldigen oder gar aus der Welt zu schaffen."[35]

Dem SS-Obersturmbannführer Adolf Eichmann attestiert sie, dass er keineswegs eine mörderische, amoralische Bestie sei, sondern „ein durchschnittlicher, ‚normaler' Mensch, der weder schwachsinnig noch eigentlich verhetzt, noch zynisch ist"[36]. Aus seiner Gesetzestreue gegenüber dem NS-Regime heraus wälzte er alle Verantwortung auf seine Vorgesetzten ab, ohne den Ansatz eines eigenständigen Denkens, persönliches Verantwortungsbewusstsein oder Gewissensbisse zu zeigen. Im Eichmann-Prozess und der Nachkriegszeit tritt denn auch, so Arendt, „eine ganz außerordentliche Verwirrung in den Elementarfragen des Moralischen"[37] zutage – wie sie auch der Chronist Hackl beobachtet: „Was ist zu erwarten. Feigheit, Anschwärzen, vorauseilender Gehorsam." (126) So resümiert der Erzähler zunächst scheinbar resigniert auf den letzten Seiten – „Und doch besteht einer, der es wissen muss und Joschi Adlersburg heißt, darauf, dass sich auch das nicht zu Erwartende zugetragen hat, [...] das Kind hieß [...] Margit und lebt heute noch, [...] weil zur rechten Zeit Menschen ihrer gedachten." (128)

„außerordentliche Verwirrung in den Elementarfragen des Moralischen"

So stellt Hackls *Abschied von Sidonie* einen Versuch dar, dem Verdrängen von Faschismus und Völkermord beizukommen und der gegenwärtigen Gesellschaft einen Spiegel vorzuhalten. Denn der Fall Sidonie Adlersburg ist eben, so Hackl, „nicht nur ein historischer Fall, den wir uns heute anschauen, der nichts mehr mit unserer Gegenwart zu tun hat. Das ist [...] etwas mehr Aktuelles,

Der Gesellschaft den Spiegel vorhalten

35 Arendt (1987), S. 18
36 ebd.
37 ebd., S. 23

beunruhigend Aktuelles."[38] Die Sidonies von heute sind vielleicht syrische oder serbische Kinder, deren Asylantrag von gesichtslosen Beamten abgelehnt wird.

Der ehemalige **Sierninger Bürgermeister** schreibt im Jahr 1998 zum Thema öffentliches Gedenken:

Vorbild sein für tolerantes Handeln und Humanität

> „Uns ist ganz wichtig, unsere Jugendlichen dafür zu sensibilisieren, dass jeder von uns Verantwortung trägt und sich dessen bewusst sein muss. Wir meinen, dass das Hinterfragen des Schicksals der kleinen Sidonie eine große Hilfe dabei ist. [...] [I]ch musste daran denken, dass wir unseren Kindern Beispiele geben müssen für Toleranz und Mitmenschlichkeit. Auch daran, dass Erinnern an vergangene Schuld, an ein Dulden von Unrecht wichtig ist, um uns Menschen unsere alltägliche Gefährdung des Wegsehens in Erinnerung zu rufen. Denkmäler sind für uns heute weniger Erinnerung an Schuld, sondern mehr eine Aufforderung: ‚Denk einmal' – wo handeln wir, wo handelst DU ungerecht und intolerant?"[39]

---

38 Richter (1996), S. 255
39 Fischer/Krapp (2014), S. 8 und Fischer/Krapp (2000), S. 316 f.

4. REZEPTIONSGESCHICHTE

ZUSAMMENFASSUNG

Die Erzählung wurde in zahlreiche Sprachen übersetzt und ist inzwischen eine beliebte Schullektüre. Hackl schrieb zeitgleich ein Drehbuch zum Stoff, das als Vorlage für den Fernsehfilm *Sidonie* (1990) diente. Außerdem wurde der Stoff 2005 als Jugendtheaterstück adaptiert.

Beliebte Schullektüre

Bewusste Auseinandersetzung mit Vergangenheit und Schuld

Erich Hackl erhielt 1991 für *Abschied von Sidonie* den Evangelischen Buchpreis. Die Erzählung wurde inzwischen in 16 Sprachen übersetzt. Die literarische Qualität des Buches sowie die Tatsache, dass der Genozid an Roma und Sinti bis heute ein Tabuthema darstellt, haben es zu einer beliebten Schullektüre gemacht, „*Abschied von Sidonie*, so beschreiben beinahe alle Pädagogen ihre Unterrichtserfahrungen, ist ein Buch für die Schule, sowohl von seinem Anliegen her als auch wegen seiner Erzählweise und Komposition“[40]. Ergänzend dazu empfiehlt sich der im Jahre 2000 (ebenfalls im Diogenes Verlag) erschienene und von Ursula Baumhauer herausgegebene Band *Materialien zu „Abschied von Sidonie“ von Erich Hackl.*

Der Fernsehfilm *Sidonie*

Für einen Drehbuchwettbewerb der Europäischen Fernsehunion schrieb Erich Hackl 1988 ein Drehbuch *Sidonie Adlersburg*, aus dem ORF und Bayerischer Rundfunk 1990 das Fernsehfilm *Sidonie* un-

40 Fischer/Krapp (2000), S. 319 f.

ter der Regie von Karin Brandauer produzierten. Sidonie wird von Arghavan Sadeghi-Seragi gespielt, Josefa ist mit Kitty Speiser und ihr Mann Hans mit Georg Marin besetzt. Zu dieser Zeit kam Hackl mit der Erzählung nur schleppend voran, aber

> „die Arbeit am selben Stoff, im anderen Genre gab mir den Schwung, auch die Erzählung voranzutreiben. [...] als Filmautor war ich gezwungen, mir Freiheiten herauszunehmen, die ich mir als Erzähler versagte. Ich änderte deshalb alle Namen bis auf den Sidonies, die Breirathers erschienen als Breitner, denn es waren eben Schauspieler, die als Josefa, Hans und Fred agierten“[41].

Weiterhin fügt er zu seinem Drehbuch kritisch an:

Kritik am eigenen Drehbuch

> „Erst am fertigen Film wurden mir die Schwächen meines Drehbuchs deutlich. Erstens hatte ich es nicht geschafft, die Geschichte nur von einer kurzen Zeitspanne – Sidonies letzten Monaten in der Familie Breirather – her zu erzählen. Stattdessen zeigte ich sie als Neugeborene, als etwa Einjährige, als Neunjährige. Und ich war zu verkrampft im Bemühen, möglichst nahe an den Fakten zu bleiben, obwohl es um einen Spielfilm ging. Aber so, wie es gewesen war, konnte ich das Geschehen oft nicht darstellen, und deshalb ging ich das eine oder andere Mal Kompromisse ein, die weder den Tatsachen noch der inneren Logik des Films gerecht wurden.“[42]

Positive Resonanz

Das Filmdrehbuch ist, ebenso wie Vorstufen der Erzählung, in den oben erwähnten *Materialien* enthalten. Martin Ahrends bewertete

---

41 Hackl (2000), S. 13 f.
42 ebd., S. 15 f.

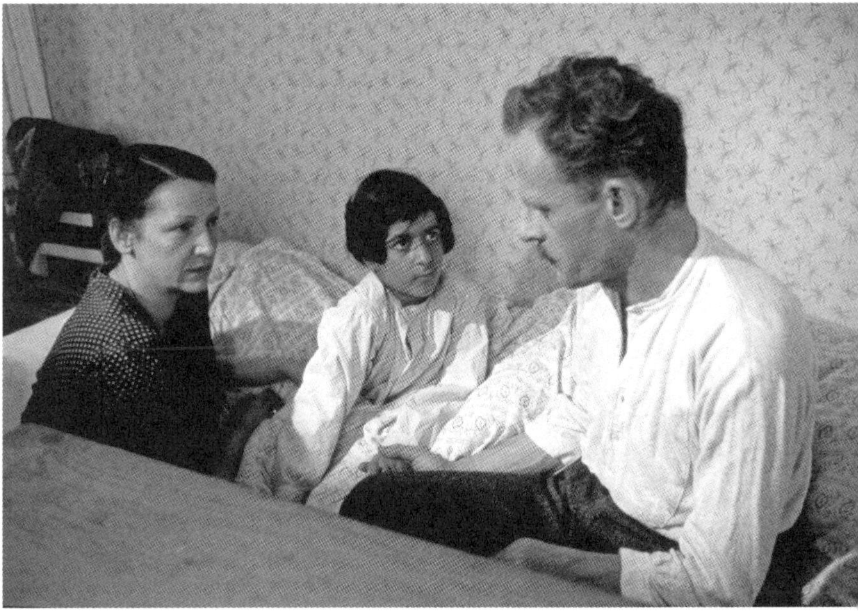

Sidonie (Arghavan Sadeghi-Seragi) mit ihren Pflegeeltern Josefa (Kitty Speiser) und Hans (Georg Marin) im Film von 1990
© ullstein bild – United Archives

den Film als „unauffällig gut, weil er das uns gewohnte zivile Zusammenleben von Männern und Frauen als die unauffällige Katastrophe zeigt, die es ist. […] Der Film ist ohne jede Larmoyanz, er zeigt in genauen Beobachtungen, was Frauen und Männer unterscheidet, wenn es heißt, sich einer mörderischen Idee zu widersetzen“[43].

43 Ahrends (1991)

Das Jugendtheaterstück *Sidonie*

2005 hatte im Südtiroler Stadttheater Bruneck das Theaterstück *Sidonie* Premiere, für die Dramatisierung und Regie zeichnete Christian Martin Fuchs verantwortlich. Das Stück entstand in Zusammenarbeit mit dem Jugendzentrum UFO und in Co-Produktion mit dem Schauspielhaus Salzburg. In einer Rezension heißt es dazu:

Zeitgenössische Adaption

> „Der Autor und Dramaturg Christian M. Fuchs bietet ‚kein realistisches Abbild' der Erzählung. Gefangen in einem Käfig [...] spielen sechs Jugendliche Völkerball. Da geht es auch um Ausgrenzen, Angreifen, Abschießen – wie beim Völkermord. Sidonie kommt mit dem Vorschlag, man könnte doch eigentlich ihr Leben spielen: ‚Ich suche meine Geschichte'. Die zunehmende Begeisterung arbeitet Regisseur Claus Tröger in feinen Nuancen heraus. Die Jugendlichen sprechen in ihrem Slang und von ihren Belanglosigkeiten. Dazwischen wird Hackl zitiert und rezitiert, bis die Rollen des Spiels im Spiel überhand nehmen und die Texte immer dichter werden. So überlagern sich zwei Erzählebenen, die filmschnittartig parallel in Kurz- und Kürzestszenen vorangetragen werden."[44]

Kunstinstallationen

Zwei Installationennehmen Bezug zu Hackls Erzählung: Elisa Treml verwendet in ihrer **Dauerinstallation *Begegnung mit Sidonie*** (Digitaldruck auf Textil, 2006, Dauerinstallation in der Aula der Fachhochschule für Soziales in Linz) unter anderem Kinderzeichnungen, „weil Kinder hier stellvertretend für den Menschen in seiner schwächsten Phase stehen. Sidonie ist kein Einzelschicksal – solche

---

44 Seyr (2005)

Untaten passieren ständig weltweit"[45]. Angelika Kaufmann lässt in ihrer **Installation** ***Epitaph für S.*** (1991) ein „Erinnerungsbild" entstehen aus ihrem eigenen Leben und dem Sidonies: „ich habe beim Lesen eines Buches, dessen Inhalt über das Schicksal eines durch Hitlerschergen zu Tode gekommenen Zigeunermädchens berichtet, wieder dieses Bild entdeckt: das kleine Kind war ich, 1938".[46]

---

45 Elisa Treml über ihre Installation im Juli 2006, online unter http://oe1.orf.at/artikel/203670 (Stand Mai 2015)

46 vgl. Hackl (2000), S. 264–266

5. MATERIALIEN

Josefa Breirather über den Abschied von ihrer Pflegetochter

Die 86-jährige Pflegemutter spricht in ihrer Wohnung in Letten mit Erich Hackl (12. August 1987):

„Wie der Einmarsch war, von den Deutschen, sind wir alle zwei im Bett gesessen und haben geweint, und da haben wir gesagt: ‚Hans', und er: ‚Mutter, wir werden unser Dirndl einmal verlieren.' Später, da haben mein Mann und ich schon gehofft: Jetzt haben wir schon ein paar Jahre übertaucht, jetzt wird's schon sicher sein. Bis dann der Inspektor da war, [...] ‚wahrscheinlich müssen Sie das Kind weggeben.'

[...] Ich bin zu Frau G. rüber, zur Fürsorgeschwester, und hab geweint und hab sie gebeten: ‚Bitte, Schwester, helfen Sie mir, helfen Sie.'

„Ich weiß nicht mehr, wie ich weggekommen bin."

[Und es hat damit begonnen,] dass Inspektor L. gekommen ist und gesagt hat, in Kürze werden wir ein Schreiben bekommen, wann das Kind abgeholt wird. An einem Samstag war das. Und der hat gesagt: ‚Am Montag oder Dienstag werden sie vom Jugendamt kommen.' Dann hab ich inzwischen wieder eine Verständigung gekriegt, [...] ich glaub, von der Polizei: Ich muss das Kind zur Staatsbahn bringen. [...] Sind wir bis Steyr gefahren, dort hab ich dann verschwinden müssen, in Steyr am Hauptbahnhof. Dort hat die Schwester gleich das Kind gepackt, und sie haben beim Fenster herausgeschaut, und ich bin ausgestiegen, und das Dirndl hat gleich zu schreien angefangen – ich weiß nicht mehr, wie ich weggekommen bin.'"[47]

---

47 Hackl (2000), S. 220–222

Erich Hackl über die Entstehung der Erzählung

Erich Hackl schildert den Anstoß zu seiner Erzählung und die Entstehungsgeschichte des Buches in seinem Beitrag *Sehend gemacht. Eine Bilanz*:

„Auf die Geschichte bin ich durch Zufall und durch Beharrlichkeit gestoßen. Ich bin in Steyr aufgewachsen, am westlichen Stadtrand, kaum sieben Kilometer von Breirathers Wohnhaus entfernt, als ich geboren wurde, war Sidonie seit zwölf Jahren tot. Ich wusste nichts, hatte nie von ihr gehört. Aber im Frühjahr 1987 saß ich in der Küche des Ehepaars Franz und Erna Draber, das ich gelegentlich aufsuchte, um Franz Draber zu befragen: Er war, als Arbeiter in den Steyr-Werken, im Widerstand gegen den Nationalsozialismus tätig gewesen, verhaftet, gefoltert und in das Zuchthaus München-Stadelheim überstellt worden. Dort verbrachte er über 200 Tage in einer Todeszelle, ehe ihm Ende November 1944 die Flucht gelang. Ich erinnere mich, dass er bei seinen Schilderungen Sidonies Pflegevater Hans Breirather erwähnt hat – die Gestapobeamten, die Draber verhörten, hatten ihm ein Foto hingehalten, darauf Breirather, sie schlugen, ihn, kennst du den, wer ist es, spucks aus. […] Wir kamen auf die Roma zu sprechen – Verfolgte des Naziregimes, deren Überlebenden nach fünfundvierzig sogar das Bewusstsein vorenthalten wurde, dass sie und ihre Angehörigen Opfer eines Völkermords geworden waren. Und da sagte Erna Draber, ihr Nachbar, Manfred Breirather, würde sich schon lange erfolglos darum bemühen, dass irgendwas an seine Ziehschwester erinnert, ein Zigeunermädchen, das im KZ umgekommen sei. Ich horchte auf, wandte mich an Manfred Breirather (sein Vater, den ich nie kennengelernt hatte, war schon 1980 gestorben), er schenkte mir sein Vertrauen.

Roma, „deren Überlebenden nach '45 sogar das Bewusstsein vorenthalten wurde, dass sie […] Opfer eines Völkermords geworden waren"

Soweit der Zufall. Was die Beharrlichkeit angeht, muss ich noch einmal von vorn beginnen: Die letzten Schuljahre in Steyr waren mir schwer geworden. Die Bewohner einer Kleinstadt laufen Gefahr, selbstzufrieden zu werden, sich einzurichten, einzuigeln, die Unruhe zu verlieren, die es braucht, um in einer schönen Umgebung und in gesicherten Verhältnissen nicht zu veröden. Die Stadt – 40 000 Einwohner – war zu groß, als dass sie nach eigener Initiative verlangt hätte, zu klein, um Anonymität zu gewähren, auf die ein Heranwachsender Wert legt. Also sehnte ich mich fort. Aber kaum war ich fort, des Studiums wegen, erwachte mein Interesse an dieser Stadt, vorzugsweise an ihrer jüngeren Geschichte, den Klassenkämpfen, der Arbeiterbewegung, dem Elend der dreißiger Jahre, dem Februaraufstand 1934, dem Widerstand gegen den Nationalsozialismus, der politischen Repression nach dem Oktoberstreik 1950 – all das, was verschwiegen wurde oder sich in Halbsätzen verbarg. [...]

Hackls Interesse, an allem, was verschwiegen wurde, erwacht

Immer mehr zeitgeschichtliches Material häufte sich bei mir an, Tonbandabschriften, Zeitungsartikel, Lageberichte der oberösterreichischen Sicherheitsdirektion. Das alles, spürte ich, gehörte zu meiner Gegenwart, die Stadt wurde begehbarer, je mehr ich mich mit ihrer Geschichte beschäftigte. Die Fülle an Informationen kam mir zugute, als ich daranging, über Sidonie Adlersburg zu schreiben, das Umfeld war mir vertraut, in dem zur Jahreswende 1933/34 eine Arbeiterfamilie ein Romamädchen in Pflege nimmt.

Fülle an Informationen

Als wir einander kennenlernten, war Manfred Breirather ziemlich verbittert. Er sah es als Verpflichtung an, Sidonies Schicksal öffentlich zu machen, aber offenbar war niemand daran interessiert. Ich vermute, man hielt ihn für einen Querulanten, weil er eine Gedenktafel für das Mädchen forderte, so wie schon sein Vater als Querulant niedergeschrien worden war, im Sierninger Gemeinderat, als er die Errichtung des Kriegerdenkmals kritisiert hatte.

Mein erster Impuls war, Fred und seiner Mutter zur Seite zu stehen, mitzuhelfen, dass das Schweigen um Leben und Tod Sidonie Adlersburgs gebrochen werde. Ich dachte nicht daran, ein Buch zu schreiben, ein Stück schöner Literatur, statt dessen verfasste ich zwei kurze Texte in der Hoffnung, sie würden bewirken, was wir ersehnten. Der erste, *Das Schweigen um Sidonie Adlersburg*, der schon die Struktur der späteren Erzählung besaß, wurde vom Nachrichtenmagazin *Profil* mit dem Hinweis abgelehnt, es habe ohnehin erst kürzlich einen Artikel über Zigeuner publiziert. Das *Wiener Tagebuch*, das ihn dann druckte, wurde als Zeitschrift in Österreich totgeschwiegen, öffentliche Kenntnisnahme durfte ich mir also nicht erwarten. Für den zweiten Versuch, *Nachforschungen über Sidonie Adlersburg*, paraphrasierte ich ein Prosastück, das mich tief beeindruckt hatte, nämlich Peter Härtlings *Die Fragenden*. Ich erfand drei Lehrlinge aus der Gemeinde Sierning, die anfangen, dem Fall Sidonie nachzugehen, in ihren Bemühungen nicht lockerlassen, das öffentliche Gedenken erstreiten. Diese Arbeit erschien in *hallo*, der Zeitschrift der Österreichischen Gewerkschaftsjugend, die gratis an alle Mitglieder abgegeben wurde – es müsste sich doch, hoffte ich, nach Lektüre der eine oder andere Jugendliche finden, der meinen fiktiven Lehrlingen nacheifert. Ja Schnecken.

Zwei kurze Texte als Vorstufen der Erzählung

Inzwischen hatte sich immer mehr Material angesammelt (auch Informationen, die manche Angaben in den beiden Reportagen korrigierten), so dass sich langsam eine längere Erzählung zu formen begann. Ich schrieb an das Museum Auschwitz, an den Suchdienst des Internationalen Roten Kreuzes in Arolsen, an die Marktgemeinde Hopfgarten […], ließ mir von Josefa Breirather erzählen (für mich die berührendste Informantin; sie trug die Wunde, die ihr der Verlust des Mädchens geschlagen hatte, bis zu ihrem Tod), ging auf die Fürsorgerin G. zu, die mir freimütig Auskunft gab, befragte Hilde Polterauer, Josefas zweite Pflegetochter, und Dr. Johann Grumböck,

Ausgeweitete Recherche

den ehemaligen Verwalter des Steyrer Krankenhauses, las die beiden autobiografischen Skizzen im Nachlass von Hans Breirather, nahm Einsicht in die Chronik des Gendarmeriepostens Sierning, in das Archiv der Steyrer Vereinsdruckerei, in Unterlagen des Dokumentationsarchivs des Österreichischen Widerstandes. Kaspar Ehamer führte mich durch Hopfgarten, zeigte mir die Zigeunerbaracke und die Stelle, an der sie einst gestanden war, vermittelte die Begegnung mit Gertraud Embacher, die damals, im März dreiundvierzig, als provisorischen Gemeindesekretärin gearbeitet hatte und dabei gewesen war, als die Fürsorgerin Sidonie ihrer Mutter übergeben hatte.

Wichtige Quelle: der Fürsorgeakt

Und da war immer wieder Fred. Er ersparte mir viele unnütze Wege, seine Gegenwart stärkte mich, wir sprachen dieselbe Sprache, empfanden mit dem gleichen Herzen. Von ihm stammte auch, zu einem Zeitpunkt, als die Erzählung schon weit fortgeschritten war, der Hinweis auf den Fürsorgeakt, den ich über mehrere Stationen verfolgte, Jugendamt Steyr-Stadt, Jugendamt Steyr-Land, Amt der oberösterreichischen Landesregierung. Der Akt enthielt jene Informationen, die der Familie Breirather vorenthalten wurden: dass tatsächlich Sidonies leibliche Mutter ausgeforscht worden war (was die Breirathers nicht glaubten), dass sie tatsächlich in Hopfgarten übergeben worden war (was sie ebenfalls bezweifelten), dass die Todesmaschinerie der Nazis nicht derart perfekt gearbeitet hatte, wie anzunehmen gewesen wäre, nämlich: Die Aktenstücke erhellen, dass die Möglichkeit bestanden hätte, das Kind zu retten, indem man es bei den Pflegeeltern beließ, ‚ausnahmsweise', wie es im Schreiben der Kripo Innsbruck an das Steyrer Jugendamt hieß. Es gab also einige Personen in der näheren Umgebung der Familie, die mit etwas Mut diese Ausnahmeregelung hätten erstreiten können – durch bestmöglichen Leumund, durch Hinweis auf die Unbescholtenheit der Pflegeeltern. Aber die Leiterin des Jugendamtes wollte nichts riskieren. Sie lief zu ihrem Vorgesetzen, sie befragte den Bürgermeister, sie bat den Oberlehrer an Sidonies Schule um eine Beurteilung. Und sie alle fällten, unter dem Deckmantel humanitärer Beflissenheit, ein mörderisches Urteil: Es sei doch besser, wenn das Kind schon jetzt zu ihrer leiblichen Mutter komme. Ich behaupte, sie wussten, was das bedeutete. Aber sie sahen es nicht, sie waren nie in Birkenau, und selbst wenn sie es gesehen hätten, sie hätten ihren Augen nicht getraut und wären zurückgekommen und hätten bei Gelegenheit ein weiteres Zigeuner- oder ein Judenkind ausgeliefert, da bin ich mir sicher, so wie einer dieser Beamten im Innenministerium, hier, heute, einen Asylbewerber, eine Asylbewerberin per Tastendruck auf seinem Computer abschieben lässt und bei Dienstschluss nach Hause geht, zu seiner Frau, zu seinen Kindern, zu seinem Fernsehapparat oder zu seiner Bierdeckelsammlung, aber sein Gewissen ist taub."[48]

Das „taube Gewissen" der Menschen

Erika Thurner über Roma und Sinti: Der geleugnete und vergessene Holocaust

Die Politikwissenschaftlerin Erika Thurner stellt auch heute noch ein weitgehendes öffentliches Desinteresse am „Zigeuner-Holocaust" fest:

„Die Produktion von Interesse und Sensibilität für das Schicksal der Roma und Sinti im Nationalsozialismus ist auch im 6. Jahrzehnt nach Ende der Nazi-Barbarei eine Sisyphus-Arbeit. Der ‚Zigeuner-Holocaust' war lange Zeit nicht nur in der Öffentlichkeit kein Thema, sondern auch in der wissenschaftlichen Forschung. Im Schatten des millionenfachen Judenmordes, der in Planung und Durchführung

„Zigeuner"-Holocaust kein Thema im Öffentlichkeit und Forschung

48 Hackl (2000), S. 7–12

Priorität besaß, haben die Maßnahmen gegen die ‚Zigeuner' in den Akten der Verfolger schwächere Spuren hinterlassen. Dies sowie die geringe gesellschaftliche (ökonomische) Bedeutung von Roma und Sinti – vielschichtig verknüpft und verwoben mit ihrem von Vorurteilen bestimmten niedrigen Sozialstatus – wirkten dabei ineinander. Dieser Holocaust, zunächst ignoriert und geleugnet, blieb lange Zeit unaufgeklärt, im Dunkeln. [...]

Den Roma und Sinti wurde nicht nur in den ersten Nachkriegsjahren der Status von ‚Rasse-Opfern' verweigert [...]. Ihre Einstufung und gesellschaftliche Positionierung blieben von der (NS-) Kategorie der ‚Asozialität' begleitet. Der ihnen aufgedrückte Stempel der ‚Kriminellen', derjenigen, die doch nicht grundlos verfolgt worden waren, blieb an ihnen haften."[49]

Antiziganismusforscher Markus End über Roma-Minderheiten heute

Die Einwanderung von Roma betrachten viele Westeuropäer als Problem, haftet ihnen doch nach wie vor das Stigma an, bettelarm und „asozial" zu sein und eine Belastung für den Wohlfahrtsstaat darzustellen.

Antiziganismusforscher Markus End kritisiert in einem Interview vom 11. Januar 2014 mit der Deutschen Welle den Begriff „Armutszuwanderer" als Synonym für Roma aus Osteuropa:

„Herr End, in Deutschland wird über die sogenannte Armutsmigration aus Südosteuropa diskutiert, was stört Sie an dieser Debatte?

---

49 Thurner (2000), S. 289 und 311

Markus End: Mir stößt übel auf, dass diese Debatte antiziganistisch geführt wird. Seit Mitte 2012 wurde der Begriff ‚Armutszuwanderer' in der Öffentlichkeit gleichgesetzt mit dem Begriff ‚Roma'. Dadurch wurden Roma die Eigenschaften zugeschrieben, die man den sogenannten Armutszuwanderern zuschrieb: Sie wurden pauschal als faul und als Sozialschmarotzer bezeichnet. Es hieß, sie würden Müll und Lärm produzieren oder zur Kriminalität neigen. Wer regelmäßig Medien konsumierte, hat gelernt, dass Roma Armutszuwanderer seien.

Roma werden durch die Medien als „Armutszuwanderer" stigmatisiert

Antiziganismus ist eine Form des Rassismus?

Ja, Antiziganismus ist eine Form des Rassismus, die eine besonders lange Tradition in Deutschland hat und ihren Höhepunkt im nationalsozialistischen Genozid an Sinti und Roma fand. Er macht sich an der Fremdzuschreibung ‚Zigeuner' fest und an den Stereotypen, die dieses ‚Zigeuner-Bild' prägen.

Antiziganismus = Rassismus

In den Medien findet man Berichte aus Städten, in die offenbar viele arme EU-Zuwanderer kommen. Oft heißt es, viele davon seien Roma – was genau ist falsch oder gefährlich an diesen Berichten?

Man muss sich fragen, was der Hinweis auf Roma soll: Es gibt ein Haus in Duisburg, das besonders in der Diskussion steht. Es wird abwechselnd ‚Roma-Haus' und ‚Problem-Haus' genannt. Das Wort Roma steht in dieser Debatte also ganz undifferenziert für Problem. Neben der Kritik an solchen Zuschreibungen muss man Differenzierungen einfordern. Dass es amerikanische, australische und eben rumänische Roma gibt und deutsche Roma. In der Debatte werden Roma per se als Fremde dargestellt, obwohl viele seit Generationen in Deutschland leben. Auch dass es gebildete Roma gibt und

Undifferenzierte stereotype Zuschreibungen

ungebildete, arme und reiche, geht in der Diskussion völlig unter, Roma wird hier beinahe gleichbedeutend mit Armut, Kriminalität oder Müll verwendet. Das muss kritisiert werden!

Welche Haltung zu den Zuwanderern und zu den Angehörigen der Minderheit prägt sich da aus?

Antiziganismus prägt Zuwanderungsdebatte

Ich glaube, dass es gar keine Haltung gegenüber der Zuwanderung ist, sondern dass umgekehrt der Antiziganismus mittlerweile die Debatte um Zuwanderung prägt. Es ist also ein Ressentiment gegenüber Menschen, die als ,Zigeuner' und damit pauschal als fremd, bedrohlich oder unangenehm wahrgenommen werden. Auch wenn das Wort ,Zigeuner' selbst öffentlich kaum noch verwendet wird, die antiziganistischen Bilder haben die Debatte um die Zuwanderung aus Rumänien und Bulgarien sehr stark geprägt.

Welche Rolle spielen die Politiker?

Die Politik befeuert diese Debatten immer wieder, meist ohne ausdrücklich Roma zu nennen, etwa wenn zuletzt die CSU fordert, dass man die Gesetze verschärfen müsse. ,Wer betrügt, der fliegt' ist ja der Spruch, der kritisiert wird. Die Forderungen der CSU stehen allerdings so im Koalitionsvertrag, dem auch die SPD zugestimmt hat. Aber auch die Kritik an diesem Spruch kann dazu führen, die Vorurteile gegen Roma zu verstärken.

Die Kritik lautet im Kern, die meisten Migranten aus Rumänien und Bulgarien seien gar keine Armutszuwanderer, sondern qualifiziert oder hoch qualifiziert. Danach ist die Rede von Brennpunkten mit Problemen. Ein Autor in der Tageszeitung ,Die Welt' schreibt: ,Wer so spricht, denkt an Sozialbetrüger und Kriminelle, an Roma-Familien, die ihre Kinder zum Betteln schicken, an Zuhälter, die

Frauen zur Prostitution zwingen.' Betteln wird an das Roma-Sein geknüpft, Roma mit Sozialbetrug und Kriminalität in eine Reihe gestellt. Vor diesen Zuschreibungen möchte der Autor Rumänen und Bulgaren schützen und bestätigt die antiziganistischen Bilder.

Welche Auswirkungen hat die Debatte auf die Angehörigen der Minderheit?

Marginalisierung und Geheimhaltung der eigentlichen Identität

Migranten aus Rumänien und Bulgarien, die tatsächlich arm oder marginalisiert sind, sind umso stärker von Ausgrenzung und Rassismus betroffen, Roma aber auch Nicht-Roma. Man befürchtet auch gewalttätige Übergriffe und Brandanschläge. Roma oder Sinti, die nicht aus Rumänien oder Bulgarien kommen oder nicht prekär leben, bekommen diesen Rassismus ebenfalls zu spüren. Das führt häufig dazu, dass Sinti und Roma ihre Zugehörigkeit zu diesen Minderheiten nicht öffentlich machen. Sie befürchten Diskriminierung durch das persönliche Umfeld, Arbeitgeber, Mitschüler oder Vermieter. Die Debatte hat auch Auswirkungen auf alle übrigen Migranten aus Rumänien und Bulgarien. Auch sie müssen mit Diskriminierung rechnen.

Sie schreiben ein Gutachten über Antiziganismus in den Medien. Welche Sensibilität gibt es für das Thema?

Keine Sensibilität für Minderheiten in den Medien

Sensibilität für Antiziganismus in den Medien ist kaum vorhanden. Es finden sich immer wieder – auch in öffentlich-rechtlichen Medien und in seriösen Tageszeitungen – Sätze, die so für keine andere Gruppe geschrieben würden. Die Web-Redaktion von heute.de, der Nachrichtensendung des Zweiten Deutschen Fernsehens, titelte beispielsweise: ‚Es kommen nicht nur Roma, es kommen auch Akademiker'. Hochqualifizierte Roma, die es selbstverständlich auch gibt, kennt die Debatte nicht, weil sie nicht ins Bild passen. Dieser Satz könnte so für keine andere Gruppe geschrieben werden. ‚Es kommen nicht nur Muslime, es kommen auch Akademiker', das würde zu Recht nicht als Titel für eine Nachricht durchgehen. Wenn man die Maßstäbe ansetzt, die analog von einer kritischen Rassismus- und Antisemitismus-Forschung angelegt werden, findet man kaum Beiträge, die vorurteilsfrei und minderheitensensibel sind."[50]

---

50 Grunau (2014)

6. PRÜFUNGSAUFGABEN MIT MUSTERLÖSUNGEN

Der Roman bietet zahlreiche Anknüpfungspunkte für kreative Schreibaufgaben. Beispiele dafür könnten etwa sein:

→ Setzen Sie einen Dialog auf zwischen Sidonies erster Pflegemutter, Amalia Derflinger, und ihren Eltern, zu denen sie flüchtet, als ihr Mann sie mit dem Säugling herausgeworfen hat, wie am Ende des ersten Kapitels beschrieben wird.

→ Schreiben Sie einen Dialog zwischen dem Gemeindearzt Schönauer, der Sidonie im zweiten Kapitel die ärztliche Behandlung verweigert, und Josefa Breirather.

→ Das sechste Kapitel erzählt von Sidonies Firmung. Schreiben Sie einen Schulaufsatz der neunjährigen Sidonie über ihren Firmtag in Linz. Wählen Sie dafür eine passende Überschrift.

→ In Kapitel 7 bittet Hans Breirather einen Bauern, Sidonie auf seinem abgelegenen Gehöft verstecken zu können. Erzählen Sie, wie die Geschichte ab diesem Zeitpunkt weitergeht, wenn der Bauer das Risiko auf sich genommen hätte.

→ Schildern Sie aus Sicht eines/einer Mitreisenden im Abteil, wie die Zugfahrt der Fürsorgerin Grimm mit Sidonie nach Hopfgarten verläuft (Kapitel 8).

→ Schreiben Sie einen Brief von Sidonie an ihre Pflegefamilie oder von ihrer Mutter Maria Berger an eine Freundin, in der Sie von der ersten Begegnung zwischen den beiden in Hopfgarten (Kapitel 9) erzählen.

→ Schreiben Sie aus Sicht von Josefa Breirather einen Brief an Cäcilia Grimm, zwanzig Jahre nach Sidonies Tod. Nehmen Sie darin Bezug zum Gespräch der beiden in Grimms Wohnung, in der sie Josefa unmittelbar nach Erhalt des Amtsschreibens aufgesucht hatte (vgl. 85 f.). Reflektieren Sie in Ihrem Brief auch die Aufgaben und Pflichten als Jugendamts-Fürsorgerin und Grimms Verhalten im Zug nach Hopfgarten (vgl. 100).

→ Fertigen Sie ein Verlaufsprotokoll einer Gemeinderatssitzung mit dem Sierninger Bürgermeister Hans Breirather an, in der darüber abgestimmt wird, ob eine Gedenktafel für Sidonie angebracht werden soll (Kapitel 10).

→ Erfinden Sie ein alternatives Ende der Geschichte, wie es in Kapitel 11 angedeutet wird: Schildern Sie, wer sich anders hätte verhalten müssen, damit Sidonie in Sierning hätte bleiben können und wie Sidonies weiterer Lebensweg dann ausgesehen hätte.

→ Verfassen Sie eine Rede Manfred Breirathers zur Eröffnung des Kindergartens „Sidonie Adlersburg" in Sierning-Letten im Jahr 2000.

→ Entwerfen Sie ein Denkmal zum Gedenken an Sidonies Schicksal. Wählen Sie dafür ein passendes Material bzw. eine geeignete künstlerische Form und formulieren Sie einen erklärenden Text dazu.

Wegen der Problematik der Erstellung halbwegs allgemein verbindlicher Lösungsvorschläge für solche kreativen Aufgabenstellungen werden im Folgenden keine produktiven, sondern ausschließlich interpretierende und analysierende Aufgabenformen vorgeschlagen.

Aufgabe 1

1. **Beschreiben Sie, inwieweit Sidonie bereits als Säugling mit Vorurteilen und offenem bzw. verdecktem Rassismus konfrontiert wird.**
2. **Erläutern Sie, welche historischen und psychologisch-soziologischen Wurzeln Rassismus und Diskriminierung haben.**

Mögliche Lösung in knapper Fassung:

1. Vorurteile und Rassismus gegenüber Sidonie

→ Bereits im ersten Kapitel wird Sidonie mit offenem Rassismus konfrontiert: Die erste Pflegemutter Amalia Derflinger, die zunächst von der drolligen Kleinen angetan ist, gibt das Baby nach zwei Tagen verschämt zurück, weil ihr Mann sie mit dem „schwarzen Bankert" (14) aus dem Haus jagt: „Jeder ist froh, wenn er mit Zigeunern nichts zu tun hat, und du bringst mir die Plag noch heim!" (14) Auch Amalias Eltern äußern rassistische Vorurteile: „Zigeuner gibt es mehr als genug und schlängeln sie sich auch überall durch, Unkraut verdirbt nicht." (15)

Offener Rassismus

→ Als Josefa Breirather sich sofort bereit erklärt, die „Schwarze" (21) mitzunehmen, ist der Portier des Krankenhauses, Mayerhofer, „enttäuscht" und „verdrossen" (ebd.) und auch die Krankenschwester zögert, ihr das Kind mitzugeben (21 f.) Doch Josefa zeigt sich entschlossen.

Verdeckter Rassismus

→ Der Gemeindearzt Schönauer, der arme Leute umsonst behandelt (also durchaus eine soziale Ader hat), sagt zu Josefa: „Wieso kommen Sie denn mit der Schwarzen zu mir. Gehört ja gar nicht her." (29 f.), worauf Josefa beleidigt mit der kranken Sidonie die Praxis verlässt. Schönauer können also, ebenso wie seiner Frau, der späteren Lehrerin Sidonies, den Derflingers und dem Portier Mayerhofer, rassistische Vorurteile und diskriminierendes Verhalten nachgewiesen werden.

2. Wurzeln des Rassismus und der Diskriminierung

Diskriminierung

→ Als Diskriminierung bezeichnet man das Verächtlichmachen oder Herabsetzen eines Menschen oder einer Gruppe. Am bekanntesten ist die Rassendiskriminierung, bei der aufgrund eines äußerlichen Merkmals (beispielsweise eine dunkle Hautfarbe) ein Mensch in seiner ganzen Persönlichkeit abgewertet wird.

NS-Rassismus

→ Der NS-Rassismus rechnete Juden, Slawen, Sinti und Roma zur sogenannten minderwertigen „semitischen", kulturzersetzenden Rasse. Diese „Untermenschen" müssten zum Schutze der „nordisch-arischen Herrenrasse" vernichtet werden. Die sozialdarwinistische „Rassentheorie" der Nationalsozialisten führte schließlich zur politisch-weltanschaulichen „Legitimierung" des Massenmordes im Holocaust.

Antiziganismus

→ Rassismus, speziell Antiziganismus, war jedoch auch schon vor 1933 in Europa weitverbreitet. Schon seit dem Mittelalter begegnete man dem „fremden Volk" mit offenem Misstrauen und Abneigung. Dies führte immer wieder zu Unterdrückungen, Vertreibungen und Pogromen. Sinti und Roma trafen und treffen bis heute abstruse Vorwürfe und Diffamierungen: Im Spätmittelalter galten sie aufgrund ihrer schwarzen Hautfarbe als Pestüberbringer und bis heute werden sie als Diebe, Betrüger und „Arbeitsscheue" (neudeutsch „Sozialschmarotzer") beargwöhnt.

Psychologisch-soziologische Erklärung

→ Psychologisch-soziologisch lässt sich Rassendiskriminierung damit erklären, dass dadurch komplexe Problemzusammenhänge (beispielsweise die Weltwirtschaftskrise in den 1920er

Jahren) scheinbar einfach (beispielsweise durch die „jüdische Weltverschwörungstheorie") erklärt werden können.

„Sündenbock-theorien"

→ Insbesondere in gesellschaftlichen Krisensituationen haben solche „Sündenbocktheorien" eine entlastende Funktion für die Mehrheitsgesellschaft und dienen ihr dazu, das Gefühl der Sicherheit durch Aggression gegen die „Fremden" zu erhöhen. Die „Anderen, Fremden" werden als bedrohlich empfunden, Schuld und Leid werden verstärkt auf sie übertragen. Als Angehöriger der Mehrheitsgesellschaft kann man sich in der Gruppe gestärkt und anonym fühlen, die Hemmschwelle, gegen den „Sündenbock" mit aller Härte vorzugehen, sinkt.

Aufgabe 2

Verfassen Sie einen objektiven Jugendamt-Fürsorgebericht über den möglichen Verbleib der Sidonie Adlersburg in der Pflegefamilie Breirather. Gehen Sie in Ihrem Gutachten auf folgende Punkte ein:

1. **schulische Leistungen, Mitarbeit und Bemühen der Schülerin sowie ihr Sozialverhalten in der Klassengemeinschaft**
2. **Leumund der Pflegeeltern Hans und Josefa Breirather sowie Wohn- und Pflegeverhältnisse innerhalb der Familie: Inwieweit kommen sie ihrer Fürsorgepflicht nach und können Sidonies weiteren Unterhalt gewährleisten?**
3. **Abschließendes Fazit: Kann und soll das Mädchen aus seinem bisherigen sozialen Umfeld genommen werden?**

Mögliche Lösung in knapper Fassung:

1. Sidonie in der Schule

→ Das fantasiebegabte, zeichnerisch talentierte Mädchen liefert eifrig Unterrichtsbeiträge von jedoch schwankender inhaltlicher Qualität und geht sehr gern zur Schule. Das Desinteresse der anderen Schüler am Unterricht empfindet sie als „Unfreundlichkeit" (70) der Lehrerin Schönauer gegenüber. Sie ist dankbar, dass sie etwas lernen kann, fühlt sich wohl in der Schule bei der Lehrerin und den Mitschülern und übernimmt gern Klassendienste.

→ Schwierigkeiten hat sie beim Schreiben und Rechnen, aber mit Unterstützung ihrer Pflegemutter bemüht sie sich sehr und macht auch immer bereitwillig ihre Hausaufgaben (vgl. 70 f.).

→ Das Sitzenbleiben nach der ersten Klasse betrachtet sie als willkommene Verlängerung der Schulzeit (vgl. 71 f.).

2. Sidonies Pflegefamilie und das Umfeld

→ Das Kind lebt in geordneten Wohn- und Familienverhältnissen und in guter Pflege, was Kleidung, Ernährung und Gesundheit angeht. Bei Krankheiten kümmern sich Josefa und Hans Breirather aufopferungsvoll um die Kleine (vgl. 30).

→ Bisher beantragte Zuschüsse wurden von den Pflegeeltern verantwortungsvoll und zweckdienlich verwendet.

→ Sidonie hat eine liebevolle und innige Beziehung zu ihrem Stiefbruder Manfred und insbesondere zum anderen, vier Monate älteren Pflegekind Hilde aufgebaut. Die beiden Mädchen wachsen wie Zwillinge auf.

→ Das Kind wird von der Pflegefamilie liebevoll und umsichtig betreut. Deswegen steht einer Adoption, wie die Breirathers sie seit Langem wünschen (vgl. 55), aus pädagogischer Seite nichts im Wege.

→ Die Breirathers gelten in der Dorfgemeinschaft als „anständige Leute“ (93). Hans ist ein gewissenhafter Arbeiter, Josefa versieht mit Umsicht ihren Haushalt.
→ Polizeilich liegen gegen die Eltern keine Straftaten vor. Der wegen politischer Agitationen ehemals inhaftierte Hans Breirather ist ein zuverlässiger Arbeiter in den Steyr-Werken, der mit seiner politischen Vergangenheit abgeschlossen hat (vgl. 64).
→ Die beiden erziehen ihre Kinder zu ordentlichen Menschen. Der Älteste, Manfred, macht gerade eine Lehre in einer Eisenhandlung (vgl. 84) und kann bald etwas zum Familienunterhalt beitragen.
→ Sidonie soll bis zum 14. Lebensjahr die Schule besuchen, danach möchte sie eine Schneiderlehre machen. Die Pflegeeltern sind in der Lage und willens, für ihren Unterhalt aufkommen (vgl. 89), sodass der Gemeinde keine weiteren Pflegekosten erwachsen würden.
→ Das aufgeweckte, fröhliche Mädchen, das sich durch besondere Hilfsbereitschaft und Freundlichkeit auszeichnet, spielt gern mit den Nachbarskindern und ist den Menschen im Dorf vertraut. Eine Frau aus dem Ort ist Sidonies Firmpatin (vgl. 74 ff.). Ablehnung erfährt die Zehnjährige zum Teil wegen ihrer Hautfarbe, hauptsächlich jedoch von Leuten, die sie nur oberflächlich kennen. Mit besonderem Eifer half Sidonie bei der Altstoffsammlung für das Winter-Hilfswerk (vgl. 75).

3. Fazit

→ Sidonie wird in der Pflegefamilie Breirather liebevoll und umsichtig betreut. Für die Klassengemeinschaft ist das liebenswerte, kreative und hilfsbereite Mädchen ein Gewinn und auch in die Dorfgemeinschaft hat es sich gut eingelebt.

Sidonies Verbleib in der Familie wird daher uneingeschränkt befürwortet.

Aufgabe 3

Beschreiben Sie das Verhältnis der Dorfbewohner zu Sidonie und ihren Eltern, wie es bis zum siebten Kapitel dargestellt wird. Gehen Sie dabei unter anderem auf das Verhalten der Fürsorgerin Cäcilia Grimm sowie ihrer Vorgesetzten Käthe Korn ein und erläutern Sie, welche Gründe es für die Behörden gibt, Sidonie zu ihrer leiblichen Mutter zurückzuschicken.

Mögliche Lösung in knapper Fassung:

Nachbarn und Dorfbewohner

→ Je mehr „aus dem roten Letten […] das braune Letten geworden" (59) war, desto mehr nehmen auch Breirathers Nachbarn Anstoß

„an Sidonies Gegenwart. Das schwarze Luder muss weg. Wäre sie wenigstens verstockt gewesen, unfreundlich, nachtragend! Aber ihre Hilfsbereitschaft, die Freundlichkeit, mit der sie diese Nachbarn grüßte, der Eifer, mit dem sie bei den Altstoffsammlungen für das Winter-Hilfswerk den Leiterwagen zog, erhöhten den Hass. Ein liebenswerter Untermensch, das fehlte noch." (75)

→ Die meisten Dorfbewohner, auch Bürgermeister Eder, ein überzeugter Nazi, mögen das freundliche und hilfsbereite Mädchen, nicht zuletzt, weil ihre Pflegeeltern im Dorf recht beliebt und angesehen sind, was sie auch vor einer Gestapo-Untersuchung bewahrt: Die „Familie Breirather sei schon in Ordnung, gut angeschrieben im Ort, der Sierninger Bürgermeister bestätigte es" (65).

→ Selbst Hans Breirathers Freund Petrak, wie Hans im geheimen kommunistischen Widerstand tätig, rät davon ab, für Sidonies Rettung unnötige Risiken einzugehen und die ganze Familie dadurch womöglich in Gefahr zu bringen. Er sucht seinen am Boden zerstörten Freund Hans zu beschwichtigen mit den Worten: „wer weiß, vielleicht hat sie's dort genauso gut, und überhaupt: ist doch nur eine Zigeunerin." (88) Hier wird klar, dass selbst Petrak rassistische Vorurteile hinsichtlich der „Minderwertigkeit" der „Zigeunerrasse" hat.

Petrak, Freund der Familie

→ Die Fürsorgerin Cäcilia Grimm macht bei der Familie zweimal im Jahr Pflegebesuche, „zu beanstanden gab es weiterhin nichts" (68). Auch als Grimm bereits von der behördlichen Anweisung weiß, Sidonie zu ihrer leiblichen Mutter zurückzuschicken, und entsprechendes Material gegen sie gesammelt hat, gibt sie sich Josefa gegenüber ahnungslos. Als Josefa sie nach Erhalt des behördlichen Bescheids in ihrem Hause aufsucht und verzweifelt um Hilfe anfleht, verweist Grimm auf ihre Vorgesetzte Korn als angeblich einzige Entscheidungsbefugte und herrscht Josefa schließlich ärgerlich und unnachgiebig an: „Sidonie kommt zu ihrer Mutter […]. Da gehört sie auch hin. Was wollen Sie denn noch!" (86)

Cäcilia Grimm

→ Die Jugendamtsleiterin Käthe Korn „log, als sie sich mit höherem Befehl zu rechtfertigen versuchte, […] die Anordnung von höherer Stelle lasse keinen Ausweg zu, sie bedauere es zutiefst, zumal das Ehepaar Breirather […] dem Mädchen stets die denkbar beste Pflege hätte angedeihen lassen. […] Aber da sei nun einmal die Mutter, auch sie habe ein Anrecht auf Sidonie […]" (88) Als Hans in der Hoffnung, Korn damit umzustimmen, anbietet, auf das Pflegegeld zu verzichten, ja,

Käthe Korn

es sogar zurückzuzahlen und Sidonie notfalls sterilisieren zu lassen, gibt sich Korn moralisch entrüstet: „Seien Sie froh, dass ich darüber jetzt keine Meldung mache." (90)

→ Der Chronist weist aufgrund der eingesehenen Akten jedoch unmissverständlich nach, dass die Entscheidung über Sidonies Verbleib bei ihrer Pflegefamilie dem örtlichen Jugendamt überlassen wurde. In vorauseilendem Gehorsam und aus nationalsozialistischem Pflichtbewusstsein heraus sammelten die Fürsorgerinnen Korn und Grimm daraufhin „Minuspunkte" (91), Oberlehrer Frick erstellt daraufhin ein entsprechendes negatives Gutachten über Sidonies empfindlichen Charakter und ihre mangelnde Auffassungsgabe und auch Bürgermeister und Oberinspektor Schiffler befürwortet schließlich „aus streng humanistischen Erwägungen" (93) eine Überstellung zur leiblichen Mutter.

→ Korn bezieht sich in ihrer Argumentation zu Sidonies Verbleib auf rassenideologische Vorstellungen und deutet sozial-„pragmatische" Gründe an, wonach das Mädchen unter ihren „zigeunerhaft"-minderwertigen Charaktereigenschaften in „arischer" Umgebung mehr zu leiden hätte und mehr anecken würde als unter „ihresgleichen". Damit unterschreibt Käthe Korn Sidonies Todesurteil:

„Obwohl sich bisher […] im Wesen der Sidonie Berger (Adlersburg) nichts Zigeunerhaftes gezeigt hat, halte ich es doch für besser, wenn die Minderjährige schon jetzt zur Mutter kommt, denn je größer das Kind wird, desto mehr wird und muss schließlich einmal der Abstand zwischen der Minderjährigen und ihren Altersgenossen zutage treten. Bei dem Ehrgeiz und der Empfindlichkeit des Mädchens ist es jetzt noch nicht abzusehen, wie sich die früher oder später doch auftretende Erkenntnis, dass sie den bisherigen

Mitschülern […] nicht gleichgestellt werden kann, auswirkt. Schon aus diesem Grunde halte ich es für besser, wenn das Kind schon jetzt zur Mutter kommt, denn später wird sie sich noch schwerer in die Verhältnisse, in sie sie wegen ihrer Abstammung doch einmal verwiesen wird, finden." (93 f.)

LITERATUR

Zitierte Ausgabe:

Hackl, Erich: *Abschied von Sidonie*. Erzählung. Zürich: Diogenes, 1991.

Sekundärliteratur:

Domanski, Herbert: *Erich Hackl. Abschied von Sidonie.* Stuttgart, 1999. → Analysehilfe mit Informationen zum zeitgeschichtlichen Hintergrund, zu Inhalt, Aufbau und Thematik der Erzählung und zu Hackls Erzählweise. Mit didaktischen Hinweisen und einem Exkurs über die Republik Österreich 1918–1938.

Fischer, Rosemarie/Krapp, Günter: *„Abschied von Sidonie" – Erfahrungen von Schülern und Lehrern.* In: Hackl, Erich: Materialien zu „Abschied von Sidonie", hrsg. v. Ursula Baumhauer. Zürich, 2000, S. 314–331.

Fischer, Rosemarie/Krapp, Günter: *Erich Hackl. „Abschied von Sidonie".* Analyse, Unterrichtsbausteine, Materialien. Berkheim, ⁴2014. → Das Schülerarbeitsheft enthält Lektürehilfen, Hintergründe und Materialien, das Lehrerheft enthält eine Analyse, Unterrichtsbausteine und Materialen für den Unterrichtseinsatz.

Hackl, Erich: *Kunst handelt von Köpfen. Über Kramer hinaus und zu ihm zurück: Zur Aktualität eines zu Tode entdeckten österreichischen Lyrikers.* In: Zwischenwelt. Jahrbuch 1 der Theodor Kramer Gesellschaft. Wien, 1990, S. 19 ff. Auch online: http://www.planetlyrik.de/theodor-kramer-orgel-aus-staub/2012/03/ (Stand Mai 2015).

Hackl, Erich: *Materialien zu „Abschied von Sidonie" von Erich Hackl.* Materialien zu einem Buch und seiner Geschichte, hrsg.

v. Ursula Baumhauer. Zürich, 2000. → Alles zum Hintergrund der Erzählung: Entstehungsgeschichte, Gesprächsprotokolle, Zeittafel, Fotos und Wirkungsgeschichte.

Justin, Eva: *Lebensschicksale artfremd erzogener Zigeunerkinder und ihrer Nachkommen.* Dissertation, Berlin, 1943, online: http://www.sifaz.org/eva_justin_dissertation_artfremd_erzogene_zigeunerkinder_1943.pdf (Stand Mai 2015).

Kisch, Egon Erwin: *Der rasende Reporter.* Köln, 1985.

Mettke, Jörg: *Zigeuner durften in der Disco tanzen.* In: Der Spiegel Nr. 22, 25. 05. 1981, online: http://www.spiegel.de/spiegel/print/d-14333992.html (Stand Mai 2015).

Pichler, Georg (Hrsg.): *Porträt Erich Hackl.* Linz, 2005.

Richter, Michael-Josef: *Intertextualität als Mittel der Darstellung in Erich Hackls Erzählungen.* Berlin, 1996.

Rose, Romani: *„Den Rauch hatten wir täglich vor Augen". Der nationalsozialistische Völkermord an den Sinti und Roma.* Heidelberg, 1999.

Scriba, Arnulf: *Ausgrenzung und Verfolgung von Sinti und Roma.* Deutsches Historisches Museum Berlin, 8. September 2014, online: https://www.dhm.de/lemo/kapitel/ns-regime/ausgrenzung-und-verfolgung/sinti-und-roma.html (Stand Mai 2015).

Thurner, Erika: *Roma und Sinti: Der geleugnete und vergessene Holocaust.* In: Hackl, Erich: Materialien zu „Abschied von Sidonie", hrsg. v. Ursula Baumhauer. Zürich, 2000, S. 289–313.

Interviews und Rezensionen:

Ahrends, Martin: *So laufen die Dinge.* Rezension zum Fernsehfilm *Sidonie*. In: Die Zeit, 01. 02. 1991, online: http://www.zeit.de/1991/06/so-laufen-die-dinge (Stand Mai 2015).

Grunau, Andrea: *Antiziganismus prägt Zuwanderungsdebatte.* Interview mit Markus End vom 11. 01. 2014 für die Deutsche Welle, online: http://www.dw.de/antiziganismus-prägt-zuwanderungsdebatte/a-17354910 (Stand Mai 2015).

Holzinger, Lutz: *Österreich ist viel eher Steyr. Interview mit dem Schriftsteller Erich Hackl.* In: Volksstimme Wien, 23./24.2.1991.

Menasse, Eva: *Traualtar im Todeslager.* Erich Hackl erzählt eine wahre Geschichte. In: Frankfurter Allgemeine Zeitung, 8. 10. 2002.

Pickerodt, Gerhart: *Der nichtverhinderte Tod eines Zigeunermädchens.* In: „Deutsche Volkszeitung / die tat", 13.10.1989.

Probst, Hans Ulrich: *Laudatio auf Erich Hackl.* Gehalten am 15. Juli 2002 in Solothurn. Online: http://www.kat.ch/bm/solo7.htm (Stand Mai 2015).

Rauschning, Hermann: *Gespräche mit Hitler.* Zürich/New York, 1940.

Seyr, Hugo: *Von Schülern für Schüler gespielt. „Sidonie" von Christian M. Fuchs nach der Erzählung „Abschied von Sidonie" von Erich Hackl.* In: „Dolomiten", Oktober 2005, online: http://stadttheater.eu/archiv/2005-2006/1%20Sidonie/1%20REZENSIONEN%20Sidonie/DOLOMITEN%20Sidonie.jpg (Stand Mai 2015).

Verfilmung:

Sidonie. Fernsehfilm, ORF und BR 1990
Regie: Karin Brandauer
Drehbuch: Erich Hackl

Theaterstück:

Sidonie. Jugendtheaterstück des Südtiroler Stadttheaters Bruneck
Uraufführung 2005
Regie: Christian Martin Fuchs

STICHWORTVERZEICHNIS